O.K 프랑스어회화

오케이

O.K

고제인어교육연구회

태을출판사

들어가는 말

21세기 글로벌 시대에 외국어 구사능력은 선택의 문제가 아닌 생존의 조건입니다.

영어는 기본이고 중국어 · 일본어 · 독일어 · 불어 · 서반아어 등 제2외국어를 소홀히 하다간 국내에서는 물론이고 국가간 경쟁에서도 뒤쳐질 수밖에 없기 때문입니다.

교육전문가들은 생활외국어를 제대로 익히기 위해선 외국어 교육이 혁신되어야 한다고 말합니다.

10년 이상 배워봐야 말 한마디 제대로 못하는 학교 영어교육의 개편과 함께 제2외국어 교육의 내실화가 시급하다는 지적입니다.

외국어는 어렵습니다. 그러나 누구든지 할려고만 하면 '쉽게' 정복할 수가 있습니다.

이렇게 말하면 더러는 발론(反論)을 제기하는 사람도 있을 것입니다. 그러나 그것은 외국어의 근본을 모르고 있는 사람들의 한갓 변명에 불과할 뿐입니다. 어렵게 생각하면 이 세상의 모든 일들이 다 '어려운' 것입니다.

외국 사람들은, 세계에서 가장 배우기 힘든 '언어' 속에

'한국어'를 포함시키고 있습니다. 그 어려운 언어를 우리는 지금 자유자재로 구사하고 있습니다. 우리는 우리말에 대하여 어렵다고 생각해 본 적이 없습니다. 어린 시절, 걸음마를 배우면서부터 우리 자신도 모르게 낱말 한두 개씩을 중얼거리며 익혀오던 우리말입니다. 아직 엄마의 젖을 물고 있던 그 시절, 이미 우리는 무슨 말이든지 의사를 표현하고 받아들일 수가 있었습니다. 아주 자연스럽게 말입니다.

외국어도 이와 마찬가지입니다. 스스로 어렵다는 생각을 버릴 때, 비로소 쉬워지는 것이 외국어입니다.

우리가 어린 시절 수 년에 걸쳐서 우리말을 생활속에서 터득하였듯이, 외국어도 단시일 내에 뿌리까지 뽑겠다는 생각을 한다면 그것은 무리입니다. 단시일에 마스터 하겠다는 그 생각이 바로 외국어를 어렵게 만드는 것입니다.

쉽게 생각하고 쉽게 덤벼들면 쉽게 정복할 수 있는 것이 바로 외국어입니다.

지금 바로 이 순간부터 한번 시도해 보십시오. 당신은 이 책을 가까이 두고 실생활에서 익히는 동안 충분히 실감하게 될 것입니다.

국제언어교육연구회

제 2 부   기초 불어 회화

제 1 부

꼭 알아야 할 기본문법

I. 발음기호(Sigens phonetiwues)

1. 모음(Les voyelles)

a[a], 혹은 [*a*] : *a*mi, garçon, papa, a

e[e], [ε], [ə] : et, père, me

o[o], [ə] : rose, porte

u[y] :　une, futur —입술모양은 [o]로 하고 [i] 소리를
　　　　낸다.

I, y[i] : livre, si

ou[u] : ou, poudre, couper.

eu[ø] : deux, bleu —입술모양은 [o]로 하고 [e] 소리
　　　　를 낸다.

[œ] :　sœur, fleur —입술모양은 [ɔ]로 하고 [ε] 소리
　　　　를 낸다.

2. 비모음(Les voyelles nasales)

[ε̃] : pain, vin, faim, symphonie

[ɑ̃] : tante, employer, encore, lampe.

[ɔ̃] : bon, nom, ton

[œ̃] : lundi, parfum, brun.

3. 자음(Les consones)

[b], [d], [f], [g], [ʒ], [k], [l], [m], [n], [p], [r], [s], [t], [v], [z], [ʃ], [n].

4. 반모음(semi-voyelles)

[w] : oui—ou 뒤에 연이어 다른 모음이 올 때 [u]발음이 짧게 다음에 오는 모음과 붙여 발음 한다.

[y] : lui—u 다음에 연이어 다른 모음이 올 때 [y]소리가 짧게 발음 된다.

[j] : piano, pied   연이이 다른 모음이 와서 짧게 발음 된다.

II. 연독(Liaison)

일반적으로 발음되지 않는 불어의 마지막 자음이 모음이나 무음 *h* 로 시작되는 다음 단어와 연결되어 발음되는 경우를 말한다.

ex) duex éléve, un grand hôtel.

연음이 되면서 자음의 소리가 바뀌는 절차.

a) s.x →[z] : des arbres[dezaʀbʀ] six enfants[sizɑ̃fɑ̃]

b) d → [t] : un grand homme[œ̃gʀɑ̃tɔm]

c) gk →[k] : un long hiver[œ̃lɔ̃kivɛːʀ]

d) f → [v] : neuf neures[nœvœːʀ]

III. 명사의 성(Legenre du nom)

1. 모든 명사는 문법상 남성(masculin) 또는 여성 (féminìn)이다.

2. 생물의 성은 자연성에 따른다.

  ex)남성 : père, frère, cheval, chìen.

  여성 : mère, soeur, jument, chienne.

3. 무생물의 성은 다만 인위적으로 정해놓은 문법상 의 性을 따른다.

  ex)남성 : jardin, arbre, ciel, livre.

  여성 : maison, fleur, terre, fenêtre.

IV. 형용사

1. 품질형용사는 수식하는 명사나 대명사의 성과수 에 일치한다.

ex) un livre intéressant, une table ronde.

des cheveux moirs, les langues étrangéres.

2. 부가형용사의 위치

a) 부가형용사가 명사 뒤에 오는 경우 : 색깔, 국적, 직업을 나타내는 형용사, 현재분사나 과거분사에서 전환된 형용사. 두 음절 이상의 형용사.

b) 부가형용사가 명사 앞에 오는 경우 : 흔히 쓰이는 단음절의 형용사, 명사에 포함된 성질을 나타내는 형용사, 명사와 함께 굳어진 표현.

V. 관사

종류: 부정관사, 정관사, 부분관사.

a. 부정관사—일정하게 정해지지 않은 임의로 셀 수 없는 명사 앞에서.

b. 정 관 사—한정된 명사 앞에서, 하나밖에 없는 사물을 칭할 때.

c. 부분관사—셀 수 없는 명사 앞에서 막연히 부분적인 뜻을 나타낸다.

ex) Je bois du lait.

VI. 의문사

1. 의문형용사

· 성 · 수에 따라 변화한다.

   ex) quel, quelle, qudls, quelles.

· 명사 앞에서 부가 형용사로 쓰인다.

   ex) Quel âge a-t-il?

· 속사로 쓰인다.

   ex) Quel est votre nom?

2. 의문대명사

		주 어	직접보어, 속사	간접보어, 상황보어
사	단순형	Qui	Qui	전치사(a, de, avec)
람	강세형	Qui est-ce qui	Qui est-ce que	전치사 +qui, est-ce que
사	단순형	—	Que	전치사 +quoi
물	강세형	Qu'est-ce qui	Qu-est-ce que	전치사 +quoi, est-ce que

VII. 대명사

1. 인칭대명사

수 \ 인칭 \ 종류	인칭	주어인칭 대 명 사	보어 인칭 대명사		강세형
			직접보어 (~를)	직접보어 (~에게)	
단수	1	Je	me	me	moi
	2	Tu	te	te	toi
	3	Il	le	lui	lui
		Elle	la	lui	elle
복수	1	Nous	nous	nous	nous
	2	Vous	vous	vous	vous
	3	Ils	les	leur	eux
		Elles	les	leur	elles

2. 중성대명사

```
┌ le
│ de+ 명사 ⇒ en
└ à (dans, sur 등)+ 명사 ⇒ y
```

3. 관계대명사

qui : 주어(사람, 사물)

que : 직접목적보어 및 속사(사람, 사물)

dont : de+ 선행사(사람, 사물)

* 선행자가 장소 및 때일 때는 où(관계부사)

VIII. 동사

1. 종류

자동사—목적보어를 취하지 않는 동사.

타동사—목적보어를 취하는 동사

비인칭동사—비인칭주어 il 을 주어로 하고 3 인칭 단
　　　　　수로만 쓰이는 동사.

대명동사—주어와 동일한 사람 또는 사물을 보어 대
　　　　　명사 se 로 취한다. se 는 주어의 인칭과 수
　　　　　에 따라 변화한다.

2. 동사의 법과 시제

법	시제	단순시제	예	복합시제	예
인칭법	직설법	현재 반과거 단순과거 단순미래	je parle je parlais je parlai je parlerai	복합과거 대과거 전과거 전미래	j'ai parlé j'avais parlé j'eus parlé j'aurai parlé
	조건법	현재	je parlerais	과거 (과거제2형)	j'aurais parlé (j'eusse parlé)
	접속법	현재 반과거	je parle je parlasse	과거 대과거	j'aie parlé j'eusse parlé
	명령법	현재		과거	aie parlé
부정법		현재	parler	과거	aie parlé
분사법		현재 과거(단순형)	parlant parlé	과거복합형	ayant parlé

3. 단순시제의 어미변화

a) 직설법

	규 칙 동 사		불규칙동사		
	1 군(-er)	2 군(-ir)	3 군(-oir, -re, -ir, -er)		
현재	-e	-is	-e	-s	-x
	-es	-is	-es	-s	-x
	-e	-it	-e	-t(d)	-t
	-ons	-ossons		-ons	
	-ez	-issez		-ez	
	-ent	-issent		-ent	
반과거	-ais	-issais		-ais	
	-ais	-issais		-ais	
	-ait	-issait		-ait	
	-ions	-issions		-ions	
	-iez	-issiez		-iez	
	-aient	-issaient		-aient	
단순 과거	-ai	-is	-is	-us	-ins
	-as	-is	-is	-us	-ins
	-a	-it	-it	-ut	-int
	-ames	-imes	-îmes	-ûtes	-înmes
	-ates	-ites	-îtes	-ûtes	-îtes
	-erent	-irent	-îrent	-urent	-inrent
단순 미래	-erai	-irai		-rai	
	-eras	-irsr		-ras	
	-era	-ira		-ra	
	-erons	-irens		-rons	
	-erez	-irez		-rez	
	-eront	iront		-ront	

b) 조건법

	규 칙 동 사		불규칙동사
	1군(-er)	2군(-ir)	3군(-oir, -re, -ir, -er)
현재	-erais	-irais	-rais
	-erais	-irais	-rais
	-erait	-irait	-rait
	-erions	-irions	-rions
	-eriez	-iriez	-riez
	-eraient	-riaient	-raient

c) 명령법

	규 칙 동 사		불규칙동사		
명령법	-e	-is	-e	-s	-z
	-ons	-issons		-ons	
	-ez	-issez		-ez	

IX. 부사

1. 종류

a) 양태 : ainsi, comment, mal, bien, mieux.

b) 시간 : alors, avant, enfin, après, bientôt

c) 장소 : ailleurs, partout, devant, près, ici

d) 분량 · 정도 : assez, encore, trop, beaucoup

e) 의혹 : puet-être, sans doute, probablement

f) 의문 : quand, comment, pourquoi, où

g) 부정 : non, ne ~ pas, ne ~ point, ne ~ plus

h) 의사 : oui, non, si

2. 형용사를 부사로 만드는 법

a) 형용사어미 +ment: doux → douce, → doucement

b) 형용사 남성어미가 모음이면 그대로 +ment :

   poli → poliment

c) 형용사 남성어미

   ent → emment

   ant → amment : constant → constamment

d) 그 밖의 예외 : gentil → gentiment

   profond → profondément

   lent → lentement

   precis → présisement

X. 전치사(Les prépositions)

종류 :

a) 시간—à midi, après dix heures, avant le dîner,

depuis hier, pendant I'hiver, dans un

b) 장소—à Paris, chez moi, dans la chambre,
en France, devant la maison, derrière
la porte, jusqu'à Sèoul, par ici.

c) 재료—l'étoffe de soie à l'aiguille, aller en avion.

d) 수단—travailler a l'aiguille, aller en avion.

e) 양태—d'uce voix douce

f) 원인—mourir de chagrin, punir pour une faute

g) 소속—la willa de mon oncle, Il est à moi

h) 동작주—être ravagé par la tempête 폭풍우로
황폐하다.

XI. 접속사(Les conjonction)

· et(그리고) : pierre et Hélène sont dans la classe.
· ni ~ ni(~도 아니고 ~도 아니다) : Je n'ai ni pére ni
  mère.
· ou(혹은) : Il partira lundi ou demain.
· mais(그러나) : Il est parti mais je reste ici.
· au contraire(반면에) : Il est sorti, au conraire il entre
· cependant, pourtant, néanmoins(그렇지만) : Il était
  bien triste, et cependant souriante.
· car(왜냐하면) : Il réussira, car il a de la chance.

제 2 부

기초 프랑스어회화

ⓐ 안녕하세요. 어떻게 지내세요.

ⓑ 잘 지내고 있어요. 고마워요. 당신은 어때요?

ⓐ 잘 지내요. 고마워요.

ⓑ 편히 앉으세요.

ⓐ 감사합니다.

ⓑ 천만에요.

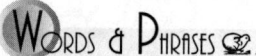

WORDS & PHRASES 🎵

- bonjour : 낮 인사 cf. 밤 인사 : bonsoir
- allez→aller 동사. 가다, 지내다.
- assoir : 앉다.
- à votre aise : 편안히.

Comment allez-vous?
꼬망　　　　딸레 부

봉쥬르　　꼬망　　　딸레 부
Ⓐ Bonjour, Comment allez-vous?

쥬 베　비앵 메르씨 에 부
Ⓑ Je vais bien merci, et vous?

크레 비앵 메르씨
Ⓐ Très bien merci.

아쎄이에 부　　아 보트르 에즈
Ⓑ Asseuez-vous à votre aise.

메르씨
Ⓐ Merci,

아 보트르 쎄르비스
Ⓑ A votre service.

기본적인 인사

▶안녕하세요?(아침, 낮인사)

봉쥬르
Bonjour!

▶어떻게 지내십니까?

꼬망 딸레 부
Comment allez-vous?

▶잘 지냅니다. 당신은요?

트레 비엥 메르시 에 부
Très bien, merci. Et vous?

2. 잘 지냈니?

Ⓐ 인수야, 안녕?

Ⓑ 안녕, 수미.

Ⓐ 들어와!

Ⓑ 응, 잘지내.

Ⓐ 피곤하지 않니?

Ⓑ 아니, 피곤하지 않아.

WORDS & PHRASES 32

- va→aller 동사
- entrer : 들어가다
- fatigué : 피곤한, 지친

싸 바
Ça va?

봉쥬르   인수
Ⓐ Bonjour, Insoo!

봉쥬르   수미
Ⓑ Bonjour, Sumi!

엉트르 싸 바
Ⓐ Entre! Ça va?

위   싸 바
Ⓑ Oui, ça va.

부   넷트   빠 파띠게
Ⓐ Wous n'êtes pas fatigué?

농   쥬 느 쒸   빠 파띠게
Ⓑ Non, je ne suis pas fatigué.

기본적인 인사

▶만나서 반갑습니다.
앙샹떼
Enchanté

▶가족들은 안녕하십니까?
꼬망 바 보트르 파미이으
Comment va votre famille?

▶모두 잘 있습니다. 감사합니다.
뚤 르 몽드 바 비엥 메르씨
Tout le monde va bien, merci.

31

3. 빠리에서 도착하시는 겁니까?

Ⓐ 김여사를 소개해 드립니다.

Ⓑ 반갑습니다. 부인.

Ⓒ 빠리에서 도착하시는 겁니까?

Ⓑ 예.

Ⓒ 댁에서처럼 편히 하십시오.

Ⓑ 감사합니다.

Ⓒ 저녁 식사가 준비되었어요, 식탁에 앉읍시다.

WORDS & PHRASES ☜

- presenter : 소개하다, 추천하다
- faire : 하다, 행동하다
- chez : ~집(방)에
- diner : 저녁식사
- pret : 준비(채비)가 된
- mettons→mettre 동사. (어떤 상태에) 놓다, 옮기다

부   자리베 드 빠리
Vous arrivez de Paris?

쥬 부   프레장뜨 마담   김
Ⓐ Je vous presente Madam Kim.

엉성떼   마담
Ⓑ Enchante, Madame!

부   자리베 드 빠리
Ⓒ Vous arriez de Paris?

위   마담
Ⓑ Oui, Madame.

펫뜨   꼼므   부   제띠에에쉐   부
Ⓒ Faites comme vous étiez chez vous.

메르씨 마담
Ⓑ Merci, Madame.

르 디네   에 프레 메똥   누   자 라따블르
Ⓒ Le dîner est pret. Mettons-nous à la table.

기본적인 인사

▶안녕히 계세요.
오 르부와르
Au revoir!

▶또 만나요!
아 비엥또
A bientôt!

33

4. 명함을 주시겠어요?

Ⓐ 김선생님께서 댁에 계십니까?

Ⓑ 아니요, 나가셨습니다.

누구시라고 여쭐까요?

Ⓐ 제 이름은 김인수입니다.

Ⓑ 명함을 주시겠어요?

Ⓐ 제가 내일 다시 오겠습니다.

Ⓑ 그렇게 하세요. 내일 뵙죠!

WORDS & PHRASES 🎵

- Good: 좋은
- veux→vouloir 동사. 요하다, 요구하다
- sortir : 나가다, 외출하다
- dois→devoir 동사. ~할 의무가 있다, 해야 하다
- donner : 주다 • revenir : 다시 오다(가다)
- demain: 내일 a demain: (인사말로)내일 보자, 안녕.

34

브 뗄 므 도네 보트르 까르뜨
Veut-il me donner votre carte?

Ⓐ 므씨유 김 에뗄쉐 뤼
Monsieur Kim, set-il chez lui?

Ⓑ 농 일 레 쏘르띠
Non, il est sorti.

끼 두와 쥬 아농쎄
Qui dois-je annoncer?

Ⓐ 몽 농 에 인수 김
Mon nom est Insoo Kim.

Ⓑ 브 뗄 므 도네 보트르 까르뜨
Veut-il me donner votre carte?

Ⓐ 쥬 르비앙드레 드맹
Je reviendrai demain.

Ⓑ 위 므씨유 아 드맹
Oui, Monsieur. A demain!

기본적인 인사

▶좋은 주말 보내세요!

봉 위껜드
Bon weekend!

▶휴가 잘 보내세요!

본느 바깡쓰
Bonnes vacances!

Ⓐ 어머! 너 서울의 안내도를 보고 있구나.

Ⓑ 예, 나는 프랑스 친구를 안내해야 해요.

　서울에서는 무엇을 구경해야 해.

Ⓐ 우선 남산을 구경해야 해.

Ⓑ 그리고 나서는요?

Ⓐ 경복궁에 있는 국립박물관이지.

WORDS & PHRASES 32

- d'abord : 우선, 먼저
- faut→falloir 동사. ～해야만 하다, ～을 필요로 하다
- Tiens : (놀람의 감탄사, 주위 환기) 저런, 설마, 어머나.
- plan(m. n) 도면, 설계도, (극 따위의) 줄거리.

일 포 다보르 브와르남산
Il faut d'abord voir Namsan

띠앵 뛰 르갸르드 르 쁠랑 드 서울
Ⓐ Tiens! Tu regardes le plan de Séoul.

위 쥬 드와 기데 어 나이 프랑쎄
Ⓑ Oui, je dois guider in ami Français.

께 쓰 낄 포 브와르 서울
Qu'est-ce qu'il faut voir à Séoul?

일 포 다보르 브와르 남산
Ⓐ Il faut d'abord voir Namsan.

에 엉쉬뜨
Ⓑ Et ensuite?

뮈제 나씨오날 아 경복궁
Ⓐ Musée national à Kyungbokgoong.

감사의 표현

▶ 고맙습니다.
쥬 부 르메르씨
Je vous remercie.

▶ 도와주셔서 감사합니다.
메르씨 뿌르 보트르 애드
Merci pour votre aide.

▶ 이 모든 일에 감사드립니다.
메르씨 뿌르 뚜
Merci pour tout!

37

6. 얼마간이나 머무르실거예요?

Ⓐ 인수씨 안녕하세요?

Ⓑ 안녕하세요 부인.

Ⓐ 한국에서의 휴가를 준비해야만 하겠어요.

Ⓑ 얼마간이나 머무르실 거예요?

Ⓐ 경기가 끝날 때까지요.

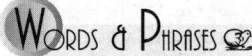

WORDS & PHRASES 32

- combien : (의문)얼마나 많이, 얼마큼.
- vacances : 휴가, 방학.
- preparer : 준비하다, 채비하다, 마련하다.

꼬비앵 드 쥬르 알레 부 레스떼
Combien de jours allez-vous rester?

꼬비앵 드 쥬르 알레 부 레스떼
Combien de jours allez-vous rester?

봉쥬르 인수
Ⓐ **Bonjour, Insoo!**

봉쥬르 므씨유
Ⓑ **Bonjour, Monsieur.**

일 포 프레빠레 레 바깡쓰 아 꼬레
Ⓐ **Il faut préparer les vacances à Corée.**

꽁비앵 드 쥬르 알레 부 레스떼
Ⓑ **Combien de jours allez-vous rester?**

쥐스까 쓰 끄 레 주 떼르민느
Ⓐ **Jusqu' à ce que les jeux terminent.**

사과에 대한 표현

▶죄송합니다.
엑쓰뀌제-무아
Excusez-moi!

▶괜찮습니다.
쓰 네 빠 그라브
Ce n'est pas grave!

▶천만의 말씀입니다.
쥬 부 장 프리
Je vous en prie!

39

7. 저는 상암 경기장에 갑니다.

STEP STEP ◀

Ⓐ 김선생님 어디 가세요?

Ⓑ 상암 경기장에 갑니다.

Ⓐ 무얼 타고 가세요?

Ⓑ 지하철을 타고 갑니다.

Ⓐ 표는 사셨어요?

Ⓑ 아직 안 샀어요.

Ⓐ 제가 사드릴께요.

Ⓑ 고맙습니다, 아가씨.

WORDS & PHRASES ♫

- terrain : (m, n)de sports 경기장
- comment : (의문)어떻게, 방법과 수단을 물음.
- partir : 떠나다, 출발하다.

40

쥬 베 조 떼랭 드 쓰뽀르 아 상암
Je vais au terrain de sports à Sangam.

우 알레 부 므씨유 김
Ⓐ Où allez-xous, Monsieur Kim?

쥬 베 조 떼렝 드 쓰뽀르 아 상암
Ⓑ Je vais au terrain de sports à Sangam.

꼬망 빠르띠레 부
Ⓐ Comment partirez-vous?

쥬 프랑 르 메트로
Ⓑ Je prend le metro.

아베 부 아슈떼 엉 띠께
Ⓐ Avez-vous acheté un ticket?

농 빠 정꼬르
Ⓑ Non, pas encore.

쥬 라쉐뜨래 뿌-르 부
Ⓐ Je l'achetèrai pour vous.

메르씨 마드므와젤
Ⓑ Merci, mademoiselle.

WORDS & PHRASES

• prendre : (차를)타다, 먹다, 취하다.
• acheter : 사다.

41

Ⓐ 부산행 기차가 몇 시에 떠납니까?

Ⓑ 급행 열차는 5시에 있고

완행 열차는 3시 반이예요

Ⓐ 좌석하나 예약할 수 있을까요?

Ⓑ 예.

Ⓐ 5시 급행열차의 2등석으로 주십시오.

Ⓑ 여기 있습니다.

아 께ㄹ 뤠르 빠르 르 트랭
A quelle heure part le train?

아 께ㄹ 뤠르 빠르 르 트랭 뿌-르 부산
Ⓐ A quelle heure part le train pour Pusan,

씰 부 쁠레
s'il vous plaît?

에넥스프레쓰 아 쌩 꿰르 에 어 놈니뷔쓰
Ⓑ Un express à cinq heures et un monibus

아 트르와줴르
à troisheures.

에 에스 끄 쥬 쁘 르뜨니르 윈느 쁠라쓰
Ⓐ Est-ce que je peux retenir une place?

위 므씨유
Ⓑ Oui, monsieur.

윈느 쓰공드 뿌-르 렉스프레쓰 드
Ⓐ Une seconde, pour l'express de

쌩 꿰르 쥬 부 프리
cinq heures, je vous prie.

브왈라 므씨유
Ⓑ Voilà, monsieur.

43

Ⓐ 빨리 떠납시다.

Ⓑ 기다려봐요. 표들은 어디에 두었어요?

Ⓐ 표들이요? 나는 못 봤는데요.

Ⓑ 당신이 그것들을 가졌는데요.

Ⓐ 아니예요, 저에게 주시지 않으셨어요.

Ⓑ 아! 그것들은 제 주머니 있네요.

Ⓐ 빨리 오릅시다. 기차가 떠나려 해요.

WORDS & PHRASES

- Good: 좋은
- mettre : 두다, 놓다.
- billet : (n, m)표, 지폐, 티켓.
- attendre : 기다리다.
- poche : (n, f)주머니
- s'en aller : 출발하다.
- monter : 올라가다.

44

우 아 뛰 미 레 비에
Où as-tu mis les billets?

빠르똥 비뜨
Ⓐ Partons vite.

아땅데 우 아베 부 미 레 비에
Ⓑ Attendez. Où avez-vous mis les billets?

레 비에 쥬 느 레 제 빠 뷔
Ⓐ Les billets? Je neles ai pas vu.

쎄 부 끼 레 자베 프리
Ⓑ C'est vous qui les avez pris.

농 부 느 레 자베 빠 도네
Ⓐ Non, vons ne les avez pas donnés.

아 일 쏭 당 마 보슈
Ⓑ Ah! Ils sont dans ma poche.

몽똥 비뜨 르 트랭 썽 바
Ⓐ Montons vite, le train s'en va.

감사의 인사

▶환영해 주셔서 감사합니다.
메르씨 드 보트르 아꿰이으
Merci de votre accueil

▶환대에 감사합니다.
메르씨 드 보트르 오쓰삐딸리떼
Merci de votre hospitalité

Ⓐ 역에 다 왔습니다.

대합실은 어디에 있죠?

Ⓑ 저쪽에 있어요.

Ⓐ 예약은 하셨나요?

Ⓑ 아니요.

Ⓐ 그러면 제가 차표를 사겠어요.

어떤 승차권을 사시려고 해요?

Ⓑ 일등표를 사려고 합니다.

우 에 라 쌀르 다땅뜨
Où est la salle d'attente?

누   브와씨아라 갸르
Ⓐ Nous voici à la gare.

우 에 라 쌀르 다땅뜨
Où est la salle d'attente?

엘 에 라바
Ⓑ Elle est la-bas

아베 부   르뜨뉘 데 쁠라쓰
Ⓐ Avez-vous retenu des places?

농   므씨유
Ⓑ Non, monsieur.

알로르 쥬 베   프랑드르 노 비에
Ⓐ Alors, je vais prendre nos billets.

께ㄹ 비에 불레 부
Quels billets voulez-vous?

쥬 브   프랑드르 레 비에
Ⓑ Je veux prendre les billets

드 라 프르미에르 끌라쓰
de la premiere classe.

11. 목의 치수가 어떻게 되죠?

Ⓐ 셔츠 있습니까?

Ⓑ 물론이죠, 선생님.

Ⓐ 셔츠 좀 보여 주세요.

Ⓑ 목의 치수가 어떻게 되죠?

Ⓐ 정확히는 알지 못하는데요.

치수 좀 재 주세요.

Ⓑ 38 입니다.

이게 잘 맞을 것 같습니다.

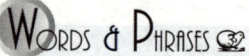

- tour : (n, m) 한 바퀴 돌기, 주위, 둘레.
- montrer : 보여주다.
- exactement : 정확히.

께ㄹ 레 보트르 뚜르 드 꾸
Quel est votre tour de cou?

아베 부 데 슈미즈
Ⓐ Avez-vous des chemise?

비앵 쒸르 므시유
Ⓑ Bien sûr, monsieur.

몽트레 므와 데 슈미즈
Ⓐ Montrez-moi des shemises.

께ㄹ 레 보트르 뚜르 드 꾸
Ⓑ Quel est votre tour de cou?

쥬 느 쎄 빠 에그작뜨멍
Ⓐ Je ne sais pas exactement.

뵈이에 프랑드르 마 므쥐르
Weuillez prendre ma mesure.

트랑뜨 위뜨
Ⓑ Trente-huit.

쓰씨 이라 비앵 쥬 크르와
Ceci ira bien, je crois.

WORDS & PHRASES ♬

• mesure : (n, f) 치수, 규격.

49

Ⓐ 무엇으로 하시겠어요?

Ⓑ 넥타이를 하나 사고 싶습니다.

Ⓐ 이쪽으로 오세요.

Ⓑ 이 색깔이 유행입니까?

Ⓐ 물론이죠.

Ⓑ 이걸로 하겠어요. 얼마죠?

Ⓐ 1만원입니다.

WORDS & PHRASES ❸❷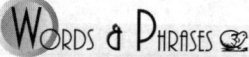

- couleur : (n, f) 색깔
- etre a la mode : 유행이다.
- desirer : 원하다, 바라다.

셋뜨 꿀뛰르 에 뗄 아라 몽드
Cette couleur est elle à la mode?

Ⓐ 꼬 데지르 므씨유
Que désire, monsieur?

Ⓑ 쥬 부드레 야수떼 윈느 크라바뜨
Je voudrais acheter une cravate?

Ⓐ 뵈이에 빠쎄 빠르 이씨
Veuillez passer par ici.

Ⓑ 셋뜨 꿀뛰르 에 뗄 아라 모드
Cette couleur est elle à la mode?

Ⓐ 메 위
mais oui.

Ⓑ 쥬 프랑드레 쎌르 씨 꽁비앵
Je prendrai celle-ci. Combien?

Ⓐ 쎄 디 밀르 원
C'est dix mille won.

WORDS & PHRASES ✿

- voudrais→vouloir 동사의 조건법(~하고 싶다)
- veuillez→vouloir 동사의 명령법(~해 주세요)
- combien?→combien vous dois-je? : 얼마죠?

Ⓐ 이 장갑의 가격은 얼마인가요?

Ⓑ 1 만원이입니다.

Ⓐ 조금 깎아 주실 수 없어요?

Ⓑ 우리는 정찰제로 판매합니다.

Ⓐ 그러면 이 장갑을 그 가격에 살께요.

Ⓑ 감사합니다.

WORDS & PHRASES

- a prix-fixe : 정찰제로
- vendre : 팔다, (≠ acheter)
- baiser : 내리다, (가격을) 깎다.
- prendrai→prendre 동사의 미래

누 벙동 아 프리 픽스
Nous vendons à prix-fixe

꽁비앵 에 르 프리 도 쎄 강
Ⓐ Combien est le prix de ces gants?

쎄 디 밀르 원
Ⓑ C'est dix mille won.

느 뿌베 부 빠 베제 엉 쁘 르프리
Ⓐ Ne pouvez-vous pas baiser un peu le prix?

누 벙동 아 프리 픽스
Ⓑ Nous vendons à prix-fixe.

알로르 쥬 프랑드레 쎄 강 아 쓰 프리
Ⓐ Alors, je perndrai ces gants à ce prix.

메르씨 보꾸
Ⓑ Merci beaucoup.

기본적인 인사

▶ 축하합니다!

펠리씨따씨옹
Félicitations!

▶ 수고하세요!

봉 꾸라쥬
Bon courage!

▶ 즐겁게 지내세요!

아뮈제-부 비엥
Amusez-vous bien!

14. 모자를 하나 사고 싶은데요.

Ⓐ 모자를 하나 사고 싶은데요.

Ⓑ 어떤 색깔을 원하세요?

Ⓐ 회색이요.

Ⓑ 이것을 써 보세요.

Ⓐ 이건 마음에 들지 않아요.

Ⓑ 그러면 저걸 써 보세요.

Ⓐ 아! 이 모자는 나에게 꼭 맞는군요.

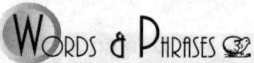

WORDS & PHRASES

- chapeau : (n, m) 모자
- plaire à qin : ~의 마음에 들다.
- convenir à qin : ~에게 적합하다.

쥬 데지르 엉 샤뽀
Je désire un chapeau.

쥬 데지르 엉 샤뽀
Ⓐ Je désire un chapeau.

께ㄹ 꿀뤠르 에메 부
Ⓑ Quelle couleur aimez-vous?

줴ㅁ므 엉 그리
Ⓐ J'aime un gris.

뵈이에 메트르 쓰씨
Ⓑ Veuillez mettre ceci.

셀르 씨 느 므 쁠레 빠
Ⓐ Celle-ci ne me plaît pas.

알로르 메트르 쓸라
Ⓑ Alors, mettre celà.

아 쓰 샤뽀 마 꽁브뉘
Ⓐ Ah! ce chapeau m'a convenu.

기본적인 인사

▶생일을 축하합니다!

본 아니베르쌔르
Bon anniversaire!

▶맛있게 드십시오!

본 아뻬띠
Bon appétit!

Ⓐ 당신의 생일케익을 만들려고 해요.

Ⓑ 무엇이 필요하죠?

Ⓐ 분말설탕이 우선 필요해요.

Ⓑ 얼마만큼이나요?

Ⓐ 100 그램이요.

....

Ⓑ 음, 냄새가 좋군요!

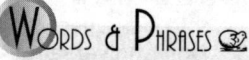 WORDS & PHRASES

• gateau : (n, m) 과자, 케익
• anniversaire : (n, m) 기념일, 생일
• en poudre : 분말로 된

싸 썽 봉
Ca sent bon!

Ⓐ 쥬 베 페르 엉 갸또 뿌−르
Je vais faire un gateau pour

보트르 아니베르세르
votre anniversaire.

Ⓑ 드 꾸와 아베 부 브주앵
De quoi avez-vous besoin?

Ⓐ 다보르 줴 브주앵 뒤 쒸크르 엉 뿌드르
D'abord, j'ai besoin du sucre en poudre.

Ⓑ 꽁비앵 드 쒸크르
Combien de sucre?

Ⓐ 썽 그람므
Cent grammes.

....

Ⓑ 음 싸 썽 봉
Mm……, Ça sent bon!

WORDS & PHRASES ❸

• avoir besoin de : ~을 필요로 하다.

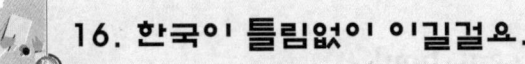

16. 한국이 틀림없이 이길걸요.

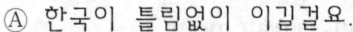

ⓐ 한국이 틀림없이 이길걸요.

ⓑ 난 당신과 같은 의견이 아니예요.

ⓐ 두고 봅시다.

ⓑ 어떻게 되든 간에 경기를 보러 갑시다.

ⓐ 만일 한국이 이기면 커피 한 잔 사는 거예요.

ⓑ 물론이죠.

WORDS & PHRASES 32

- sûrement : 확실히, 분명히
- quoi que~ : ~이든간에 (종속절은 접속법 사용).
- aller + inf : ~하러 가다.
- gagner : (경기에) 이기다, (돈을) 벌다.
- offrir : 제공하다, 주다.

58

라 꼬레 가나으라 쒸르망
La Corée gagnera sûrement

라 꼬레 가니으라 쒸르망
Ⓐ La Corée gagnera sûrement.

쥬 느 쒸 바 드 보트르 아비
Ⓑ Je ne suis pas de votre avis.

옹 베라
Ⓐ On verra!

꾸와 낄 아리브 이롱 브와 르 마춰
Ⓑ Quoi qu'il arrive, irons voir le match.

씨 엘 가니으 부 모프리레 원느 따쓰
Ⓐ Si elle gagne, vous m'offrirez une tasse

드 까페
de café.

비앵 쒸르
Ⓑ Bien sûr.

연말 인사

▶메리 크리스마스!

쥬와예 노엘
Joyeux Noël!

▶새해 인사

본 아네
Bonne année!

17. 운이 좋은 팀이에요.

Ⓐ 어제 텔레비전 축구경기 구경 했어요?

Ⓑ 예, 아주 재미있었어요.

Ⓐ 전 정말 기뻐요.

이번에도 X팀이 이겼어요.

Ⓑ 운이 좋은 팀이에요.

Ⓐ 난 그렇게 생각지 않아요.

X팀이 줄곧 경기를 리드하고 있었어요.

WORDS & PHRASES 🎵

- avoir de la chance : 운이 좋다.
- trouver : ~라고 생각하다.
- passionant : 흥미있는

쎄   뙨느 에뀌쁘 끼 아 드 라 샹스
C'est une équipe qui a de la chance.

Ⓐ
부   자베 르갸르데 르 마취 드 풋볼
Vous avez regardez le match de football

아 라 뗄레비지용 이에르
á la télévision, hier?

Ⓑ
위   줴 투르베 빠씨오낭
Oui, j'ai trouvé passionant.

Ⓐ
쥬 쒸 드롤르망   꽁땅   쎄   떵꼬르
Je suis drôlement content, c'est encore

익스 에뀌쁘 끼 아 가녜
X équipe qui a gagné.

Ⓑ
쎄   떵 네뀌쁘 끼 아 드 라 샹스
C'est un équipe qui a de la chance.

Ⓐ
쥬 느 투르브 빠 익스 에뀌쁘 아 도미네
Je ne trouve pas, X équipe a dominé

팡당   뚜 르 마취
pendant tout le match.

WORDS & PHRASES ㉜

- être content : 만족하다.
- équipe : (n, f)(스포츠의) 선수단, 팀.
- pendant : ~동안에

Ⓐ 사람이 많군요.

Ⓑ 저기봐! 선수들이 운동장으로 들어옵니다.

Ⓐ 한국팀은 붉은 운동복을 입고 있어요.

Ⓑ 경기가 시작되는군요.

Ⓐ 첫 번째 골은 브라질이 얻는군요.

Ⓑ 이제 스코어는 1 대 0이예요.

WORDS & PHRASES 32

- score : (n, m) 득점
- monde : (n, m) 사람, 세상.
- terrain : (n, m) 운동장, 마당.
- arbitre : (n, m) (스포츠의) 심판관, 중재자.
- but : (n, m) 목표.

르 스꼬르 에 더 나제로
Le score est d'un à zéro

ⓐ 일리아보꾸 드 몽드
Il y a beaucoup de monde.

ⓑ 르갸르데 레 주외르 엉트르 쒸르르 떼랭
Regardez! Les joueurs entrent sur le terrain.

ⓐ 레뀌쁘 꼬렌느 보르뜨엉 마이오 루즈
L'équipe coréenne porte un maillot rouge.

ⓑ 르 마취 꼬망스
Le match commence.

ⓐ 르 프르미에 뷔 에 뿌-르 레 브레질리앵
Le premier but est pour les Brésiliens.

ⓑ 맹뜨낭 르 스꼬르 에 더 나제로
Maintenant, le score est d'un à zéro.

자기 소개

▶제 소개를 하겠습니다.
쥬 베 므 프레장떼
Je vais me présenter.

▶제 이름은 김동수입니다.
쥬 마뺄 김동수
Je m'appelle Kim Dong-Soo.

▶저는 한국에서 왔습니다.
쥬 쒸 들 라 꼬레
Je suis de la Corée.

Ⓐ 수영할 수 있어요?

Ⓑ 예, 조금 해요.

Ⓐ 수영을 배웠나요?

Ⓑ 아니요, 제 나름대로 하는 거예요.

Ⓐ 다이빙도 할 수 있어요?

Ⓑ 그건 못해요. 난 겁이 많거든요.

WORDS & PHRASES 32

- nager : 수영하다
- natation : (n, m) 수영하는 법, 헤엄치기.
- un peu : 조금, 약간.
- apprendre : 배우다, 습득하다.
- de sa façon : 각자의, 나름대로의.
- timid(e) : 겁많은, 소심한.

뿌베 부 나줴
Pouvez-vous nager?

뿌베 부 나줴
Ⓐ Pouvez-vous nager?

위 쥬쁘 나줴 엉 쁘
Ⓑ Oui je peux nager un peu.

아베 부 자프리 라 나따씨옹
Ⓐ Avez-vous appris la natation?

농 쥬 나쥬 드 마 프로프르 파쏭
Ⓑ Non, je nage de ma propre façon.

뿌베 부 페르 엉 쁠롱줘ㅇ
Ⓐ Pouvez-vous faire un plongeon?

쥬 느 쁘 빠 르 페르 쥬 쒸 띠미드
Ⓑ Je ne peux pas le faire. Je suis timide.

프랑스인에 대해서

▶프랑스 사람입니까?

부 제뜨 프랑쌔
Vous etes Français

▶이름이 무엇입니까?

꼬망 부 자쁠레-부
Comment vous appelez-vous?

▶한국을 아십니까?

부 꼬내쎄 라 꼬레
Vous connaissez la Corée

65

Ⓐ 경주를 여행하고 싶은데요.

몇 가지 물어봐도 되겠어요?

Ⓑ 물론이죠.

Ⓐ 기차로 여행하고 싶은데요.

어디로 가야하죠?

Ⓑ 이 관광안내소 옆에 있는

역에서 문의하세요.

Ⓐ 감사합니다.

쥬 부드레　페르　엉 봐이야쥬아경　주
Je voudrais faire un voyage à kyung-Ju

쥬 부드레　페르　엉 봐이야주아경　주
Ⓐ Je voudrais faire un voyage à Kyung-Ju.

뿌베　부　므 도네　께르끄
Pouvez-vous me donner quelques

렁쎄니으망
renseignements?

비앵 쉬르 마담
Ⓑ Bien sûr, Madame.

쥬 브　봐이야줴 엉 트랭
Ⓐ Je veux voyager en train.

우　두와 쥬 알레
Où dois-je aller?

아드레쎄 부　아 라 갸르 아 꼬떼 드 쓰
Ⓑ Adressez-vous à la gare à côté de ce

뷔로　드 뚜리슴므
bureau de tourisme.

메르씨 마드모와젤
Ⓐ Merci, mademoiselle!

67

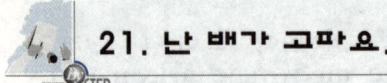
Ⓐ 난 배가 고파요.

이 근처에서 멈춥시다.

Ⓑ 그럼, 한국 음식을 먹어 볼까요?

Ⓐ 좋아요. 무얼 먹지요?

Ⓑ 불고기나 비빔밥이요.

Ⓐ 그것들이 맛있어요?

Ⓑ 예, 맛있어요.

WORDS & PHRASES 32

- avoir faim : 배가 고프다.
- s'arrêter : 멈추다.
- près de : ～의 가까이에

쥐 팽
J'ai faim.

Ⓐ 므와 쥐 팽
Moi, j'ai faim.

아렛똥 누 프레 디씨
Arrêtons-nous près d'ici.

Ⓑ 에 비앙 옹 바 에쎄이에라 꿔진느
Eh bien, on va essayer la cuisine

꼬렌느
coréenne?

Ⓐ 봉 께 스끄 누 망죵
Bon! Qu'est-ce que nous mangeons?

Ⓑ 뒤 불고기 우 뒤 비빔밥
Du 'Bulkogui' ou du 'Bibimbab'.

Ⓐ 쓰 쏭 봉
Ce sont bons?

Ⓑ 위 쓰 쏭 델리씨외
Oui, ce sont délicieux.

WORDS & PHRASES ♋

- cusine : (n, f) 요리, 부엌.
- délicieux(use) : 맛있는

69

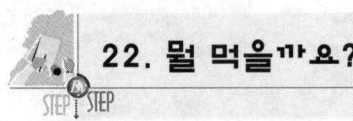

22. 뭘 먹을까요?

Ⓐ 안녕하십니까?

여기 빈 자리가 있습니다.

Ⓑ 감사합니다. 메뉴 좀 가져다 주세요.

Ⓐ 여기 있습니다.

뭘 드시겠어요?

Ⓑ 비프스테이크를 주세요.

WORDS & PHRASES ㉜

- libre : 텅빈, 공석의.
- boire : 마시다.
- repas : (n, m) 식사

께   스 끄   부   프랑드레
Qu'est-ce que vous prendrez?

봉쥬르   므씨유
Ⓐ Bonjour, monsieur.

브와씨 윈느 따블르 리브르
Voici une table libre.

메르씨 라 까르뜨 씰 부   쁠레
Ⓑ Merci la carte, s'il vous plaît

브왈라 므씨유
Ⓐ Voilà, monsieur.

께   스 끄   부   프랑드레
Qu'est-ce que vous prendrez?

엉   비프떽 프리뜨 씰 부   쁠레
Ⓑ Un bifteck-frites, s'il vous plaît.

날씨에 대한 표현

▶ 날씨가 좋습니다.
께ㄹ 땅 패-띨
Quel temps fait-il?

▶ 비가 옵니다.
일 쁠뢰
Il pleut.

Ⓐ 배고프지 않아요?

Ⓑ 예. 배고파요.

Ⓐ 저와 함께 음식점에서

식사하시겠어요?

Ⓑ 기꺼이.

Ⓐ 오늘 저녁은 제가 사는 거예요.

택시를 탑시다.

Ⓑ 아니, 걸어서 갑시다.

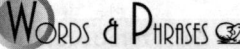

WORDS & PHRASES ㉜

- ré galer : 대접하다, 한턱내다.
- plaisir : (n, m) 기쁨, 즐거움.
  * avec plaisir : 기꺼이.

쎄　　므와　끼　레걀르　쓰　쑤와르
C'est moi qui régale ce soir.

나베　　부　　빠　팽
Ⓐ N'avez-vous pas faim?

씨　줴　팽
Ⓑ Si, j'ai faim.

불레　　부　　프랑드르　엉　르빠　아베끄므와
Ⓐ Voulez-vous prendre un repas avec moi

오　레스또랑
au restaurant?

아베끄　블레지르
Ⓑ Avec plaisir.

쎄　　므와　끼　레걀르　쓰　쑤와르
Ⓐ C'est moi qui régale ce soir.

알롱　　엉　딱씨
Allons en taxi.

농　　알롱　아　삐에
Ⓑ Non, allons à pied.

WORDS & PHRASES

• aller en taxi : 택시를 타고 가다.
• aller à pied : 도보로 가다.

73

Ⓐ 음료수는 무엇을 드시겠어요?

Ⓑ 오렌지 쥬스 한 잔을 들겠어요.

Ⓐ 다른 것은요?

Ⓑ 후식으로는 아이스크림을 먹겠어요.

Ⓐ 알겠습니다.

곧 가져다 드릴께요.

WORDS & PHRASES ☜

- boisson : (n, m) 음료수
- voulez→vouloir 동사, 원하다, 바라다.
- veux→vouloir 동사.
- verre : (n, m) 잔, 컵.
- dessert : (n, m)후식
- apporter : 가져오다.

끄 불레 부 꼼므 브와쏭
Que voulez-vous comme boisson?

Ⓐ
끄 불레 부 꼼므 브와쏭
Que voulez-vous comme boisson?

Ⓑ
쥬 브 엉 베르 드 쥐 도랑쥬
Je veux un verre de jus d'orange.

Ⓐ
에 레 조트르
Et les autres?

Ⓑ
누 데지롱 데 지스크램므 뿌-르 르 데쎄르
Nous désirons des icecrème pour le dessert.

Ⓐ
위 므씨유
Oui, monsieur.

쥬 부 라뽀르뜨 당 랭스땅
Je vous l'apporte dans l'instant.

날씨에 대한 표현

▶ 눈이 옵니다.
일 네쥬
Il neige.

▶ 바람이 붑니다.
일 패 뒤 방
Il fait du vent.

▶ 안개가 끼었습니다.
일 패 뒤 브루이야르
Il fait du brouillard.

Ⓐ 차를 드시겠어요, 커피를 드시겠어요?

Ⓑ 커피로 하겠어요.

Ⓐ 블랙커피로 하시겠습니까?

Ⓑ 아니요, 밀크 커피로 하겠습니다.

Ⓐ 저는 설탕도 넣지 않는걸요.

Ⓑ 너무 쓰지 않아요?

WORDS & PHRASES 32

- le café noir : 블랙커피
- le café au lait : 밀크커피
- mettre : 넣다, 두다.
- non plus : (부정문에서) 역시
- amer(ère) : 쓴

76

불레 부 뒤 까페 누와르
Voulez-vous du café noir?

ⓐ 불레 부 뒤 떼 우 뒤 까페
Voulez-vous du thé ou du café?

ⓑ 뒤 까페 씰 부 쁠레
Du café, s'il vous plaît.

ⓐ 불레 부 뒤 까페 누와르
Voulez-vous du café noir?

ⓑ 농 쥬브 뒤 까페 오 레
Non, je veux du café au lait.

ⓐ 쥬 느 메 뒤 쉬크르 농 쁠뤼
Je ne met du sucre non plus.

ⓑ 네 떨 바 트로 아메르
N'estil pas trop amer?

날씨에 대한 표현

▶ 날씨가 어떻습니까?

께ㄹ 땅 패-띨
Quel temps fait-il?

▶ 날씨가 덥습니다.

일 패 쇼
Il fait chaud.

▶ 날씨가 춥습니다.

일 패 프루와
Il fait froid.

77

Ⓐ 실례합니다.

서울역에 가려면 어떻게 하죠?

Ⓑ 걸어서 가십니까?

Ⓐ 예, 걸어서 갑니다.

Ⓑ 오른쪽에 첫 번째 길로 가세요.

Ⓐ 아! 그래요…

감사합니다.

Ⓑ 천만에요.

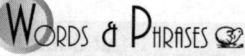

WORDS & PHRASES

- à droite : 오른쪽에 (≠ à gauche)
- à votre service : 천만에요. (merci에 대한 대답)
- aller à pied : 도보로 가다.

부 잘레 아 삐에
Vous allez á pied?

빠르동 므씨유 뿌-르 알레 아 서울
Ⓐ Pardon, monsieur, pour aller á Séoul

스따시옹 씰 부 쁠레
station, s'il vous plaît?

부 잘레 아 삐에
Ⓑ Vous allez à pied?

위 쥬 베 아 삐에
Ⓐ Oui, je vais à pied.

알로르 프르네 라 프로미에르 뤼 아 드루와뜨
Ⓑ Allors prenez la première rue à droite.

아 봉
Ⓐ Ah! bon……

메르씨 보꾸 므씨유
Merci beaucoup, monsieur.

아 보트르 쎄르비스
Ⓑ A votre service.

79

STEP STEP ◀

Ⓐ 이 근처에 영화관이 있습니까?

Ⓑ 예, 하나 있습니다.

Ⓐ 여기서 먼가요?

Ⓑ 아니요, 그리 멀지 않아요.

Ⓐ 여기서 거리까지는 얼마나 걸릴까요?

Ⓑ 약 15분 걸려요.

WORDS & PHRASES ③

• environ : ~의 가까이에, 대략.
  *dans ces environs de : ~의 근처에
• loin de : ~에서 먼
• faut→falloir 동사. ~해야만 한다.
  (Il faut~) ~이 필요로 하다.

꽁비앵 드 미뉴뜨 므 포 띨
Combien de minutes me faut il?

이아띨 데 씨네마 당 쎄 정비롱
Ⓐ Ya-til des cinémas dans ces environs?

위 일이어나엉
Ⓑ Oui, il y en a un.

에 띨 루앙 디씨
Ⓐ Est il loin d'ici?

농 스네 바 트레 루앙
Ⓑ Non, ce n'est pas très loin.

디씨 라 꽁비앵 드 미뉴뜨 므 포 띨
Ⓐ D'ici là, combien de minutes me faut il?

일부 포 떵비롱 깽즈 미뉴뜨
Ⓑ Il vous faut environs quinze minutes.

소개할 때

▶제 부인과 인사하시죠.
쌀루에 마 팜므
Saluez ma femme.

▶제 동생을 소개하겠습니다.
쥬 프레정뜨 몽 프레르(마 써르)
Je présente mon frère(ma sœur).

▶이씨, 이쪽은 김씨입니다.
무슈 김, 쎄 무슈 이
Monsieur KIM, C'est monsieur Lee.

81

Ⓐ 이 길이 종각역으로 가는 길인가요?

Ⓑ 아니요. 길을 잘못 드셨어요.

Ⓐ 어느 길로 갈지 모르겠어요.

Ⓑ 이 길로 곧장 가서는 막다른 길에서

왼쪽으로 돌아가세요.

Words & Phrases

- lequel : (의문 대명사). (둘 중의) 어느 쪽~?
- suivre : 따르다, (길을) 따라가다.
- tout droit : 곧바로
- au bout de : ~의 끝에서

에 쓰 르 슈맹　 쁠위 꾸ㅡ르
Est-ce le chemin plus court?

(A) 에 쓰 르 슈맹　 드 라 갸르 종각
Est-ce le chemin de la gare Jonggak?

(B) 농　 부 넷뜨 빠 쒸르르 봉 슈맹
Nons, vous n'êtes pas sur le bon chemin.

(A) 쥬 느 쎄 빠 르께ㄹ 프랑드르
Je ne sais pas lequel prendre.

(B) 쉬베 쎄뜨 뤼 뚜 드르와 에 뚜르네 아
Suvez cette rue tout droit, et tournez à

고쉬　 오 부 드 라 뤼
gauche au bout de la rue.

가족 사항에 대해

▶결혼하셨습니까?
부 제뜨 마리에
Vous êtes marié?

▶아이가 있습니까?
부 자베 데 장팡
Vous avez des enfants?

▶남매가 몇 명입니까?
꽁비엥 드 프레르 에 드 쐐르 아베-부
Combien de frères et de sœurs avez-vous?

29. '주차금지'

Ⓐ 안녕하십니까,

이게 당신 차입니까?

Ⓑ 예, 제 차입니다.

Ⓐ 여기보세요. 뭐라고 쓰여 있죠?

Ⓑ 아! '주차금지'

Ⓐ 그럼 여기 계시지 마시고 떠나세요.

Ⓑ 예, 떠날께요. 순경아저씨.

WORDS & PHRASES ♋

- défence : (n, f) 금지
- stationer : 잠깐 머무르다, 주차하다
- agent : (n, m) 경관(= agent de police)

데팡스 드 스따씨오네
'Défense de stationer'

봉쥬르 므씨유
Ⓐ Bonjour, monsieur.

쎄 보트르 브와뛰르
C'est votre voiture?

위 쎄 마 브와뛰르
Ⓑ Oui, c'est ma voiture.

르갸르데 께 스 끄 쎄
Ⓐ Regardez, qu'est-ce que c'est?

오 데팡스 드 스따씨오네
Ⓑ Oh! 'Défense de stationer'

알로르 느 레스떼 빠 지씨 빠르떼
Ⓐ Alors, ne restez pas ici. Partez!

봉 쥬 빠르 므씨유 라졍
Ⓑ Bon, je pars, Monsieur l'agent.

기본적인 인사

▶안녕히 가세요.
오 르부와르
Au revoir.

▶내일 만나요.
아 드맹
A demain.

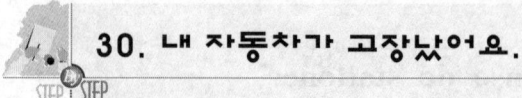

30. 내 자동차가 고장났어요.

Ⓐ 택시!

김포공항으로 갑시다.

Ⓑ 죄송하지만, 제 자동차는 고장났어요.

Ⓐ 고장이라고요?

Ⓑ 예, 휘발유가 없어요.

Ⓐ 아 그것 참 난처하군요.

Ⓑ 그러니 시외 버스를 타세요.

WORDS & PHRASES

- être en panne : 고장나다
- ne ~ plus : 더 이상은 ~아니다
- ennuyeux(euse) : 난처한, 귀찮은
- autocar : (n, m) 시외버스, 관광 자동차

마 브와뛰르 에 엉 빤느
Ma voiture est en panne.

딱씨
Ⓐ Taxi!

라에로뽀르 김포 씰 부 쁠레
L'aérport Kimpo, s'il vous plaît!

엑스뀌제 무와 마 브와뛰르 에 엉 빤느
Ⓑ Excusez-moi, ma voiture est en panne.

엉 빤느
Ⓐ En panne?

위 쥬 네 쁠뤼 데썽스
Ⓑ Oui, je n'ai plus d'essence.

아 쎄 떵뉘-에
Ⓐ Ah! c'est ennuyeux!

프르네 동 로또까-르
Ⓑ Prene donc l'autocar.

기본적인 인사

▶주말 잘 보내세요.

봉 위껜드
Bon week-end.

▶하루 잘 보내세요!

본느 쥬르네
Bonne journée!

87

Ⓐ 어디로 모실까요?

Ⓑ 쉐라톤 호텔로 가 주세요.

Ⓐ 짐이 있으세요?

Ⓑ 여행용 가방뿐이예요.

Ⓐ 그걸 가지고 뒷자석에 타 주시겠어요?

Ⓑ 예, 그러죠. 그리 무겁지 않거든요.

Ⓐ 교통이 무척 복잡하군요!

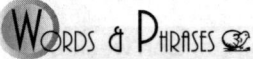

WORDS & PHRASES ☜

• bagage : (n, m) 짐, 수하물
• valise : (n, f) 여행용 가방
• circulation : (n, m) 교통, 순환

88

우 알레 부
Où allez-vous?

Ⓐ 우 알레 부 므씨유
Où allez-vous, monsieur?

Ⓑ 아 로뗄 쉐라톤
A l'Hôtel Shératon.

Ⓐ 부 자베 데 바갸쥬
Vous avez des bagages?

Ⓑ 윈느 발리즈 쐴르멍
Une valise, seulement.

Ⓐ 뿌베 부 라 프랑드르 데리에르 아베끄 부
Pouvez-vous la prendre derrière avec vous?

Ⓑ 위 싸바 엔 네 빠 트레 그랑드
Oui, ça va, Elle n'est pas très grande.

Ⓐ 일 리 아 보꾸 드 씨르뀔라씨옹
Il y a beaucoup de circulation!

지하철역에서

▶지하철 역이 어디에 있습니까?

우 엘 라 쓰따씨옹 드 메트로
Où est la station de métro

▶시내 2장 주십시오.

되 비이예 씰 부 쁠래
Deux billets, s'il vous plaît.

89

32. 난 아직도 머리가 아파요.

Ⓐ 그런데 미셸,

어떠니?

Ⓑ 좀 좋아졌어. 고마워.

하지만 아직 머리가 아파.

Ⓐ 많이 아프진 않지?

Ⓑ 난 더워.

미안하지만 창문 좀 열어 줄래?

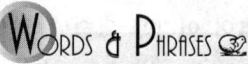

WORDS & PHRASES 32

- mieux→bien의 비교급. 더 잘, 더 건강히.
- ouvrir : 열다.
- s'il te plaît : 미안하지만, 제발. (친구간이나 아랫사람에게 정중히 부탁할 때.)

췌 엉꼬르 말 라 라 뗏뜨
J'ai encore mal à la tête.

에 비앵 미쉘
A Eh bien, Michel.

꼬망 바 뛰
Comment vas-tu?

쥬 베 미외 메르씨
B Je vais mieux, merci.

메 췌 엉꼬르 말 라 라 뗏뜨
Mais, j'ai encore mal a la tête.

뛰 아 트레 말 농
A Tu a trés mal? Non!

췌 쇼
B J'ai chaud.

뛰 브 주브리르 라 프넷트르 씰 뜨 쁠레
Tu veux ouvrir la fenêtre, s'il te plaît?

지하철역에서

▶어디에서 내려야 합니까?

우 두와-쥬 데쌍드르
Où dois-je descendre?

▶어떤 방향으로 가는 것을 타야합니까?

쥬 프랑 껠ㄹ 디렉씨옹
Je prends quelle direction?

Ⓐ 안녕하세요, 의사 선생님.

Ⓑ 어떻게 오셨어요?

Ⓐ 저는 요즈음 편치를 못해요.

Ⓑ 식욕은 있으십니까?

Ⓐ 전혀 없어요.

Ⓑ 제가 처방해 드리겠습니다.

WORDS & PHRASES 32

- ces jours-ci : 요즈음
- à son aise : 마음 편히
- appétit : (n, m) 식욕 *bon appétit : 맛있게 드세요.
- payer : 지불하다.
- ordonnance : (n, f) 처방, 정돈.

쥬 부 프레 윈느 오르도낭쓰
Je vous ferai une ordonnance.

봉쥬르 므씨유 르 독뙤르
Ⓐ Bonjour, Monsieur le docteur.

까베 부
Ⓑ Qu'avez-vous?

쥬 느 쒸 빠 아 모 네즈 쎄 쥬르 씨
Ⓐ Je ne suis pas à mon aise, ces jours-ci.

아베 부 드 라뻬띠
Ⓑ Avez-vous de l'appetit?

뒤 뚜
Ⓐ Du tout.

쥬 부 프레 윈느 오르도낭쓰
Ⓑ Je vous ferai une ordonnance.

버스 정류장에서

▶이 부근에 버스 정류장이 있습니까?
일 리 아 앵 아레 도또뷔쓰 프레 디씨
Il y a un arrêt d'autobus près d'ici?

▶여기서 멀어요?
쎄 루앵 딧씨
C'est loin d'ici?

▶몇 정거장이나 됩니까?
일리아 꽁비엥 다레
Il y a combien d'arrêts?

34. 당신의 병세는 심각하지 않아요.

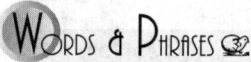

Ⓐ 의사 선생님 계십니까?

Ⓑ 예, 들어오세요.

Ⓐ 저는 소화불량입니다.

Ⓑ 배가 아프지는 않으세요?

Ⓐ 아니요, 가끔 아파요.

Ⓑ 당신의 병세는 심각하지는 않아요.

Ⓐ 알겠습니다.

WORDS & PHRASES

- indigestion : (n, m) 소화불량
- ventre : (n, m) 배, 복부
- avoir mal à : ～가 아프다

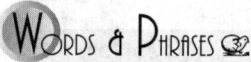

94

보트르 말라디 네 빠 그라브
Votre maladie n'est pas grave

르 독뙤르 에 떨 쉐 뤼
Ⓐ Le docteur, est il chez lui?

위 므씨유 뵈이에 정트레
Ⓑ Oui, monsieur. Veuillez entrer.

쥐 윈느 앵디제쓰띠옹
Ⓐ J'ai une indigestion.

나베 부 빠 말 오 벙트르
Ⓑ N'avez-vous pas mal au ventre?

씨 께ㄹ꼬 프와
Ⓐ Si, quelque fois.

느 부 젱끼에떼 빠
Ⓑ Ne vous inquiétez pas.

보트르 말라디 네 빠 그라브
Votre maladie n'est pas grave.

쎄 떵떵뒤
Ⓐ C'est entendu.

WORDS & PHRASES ☎

• quelque fois : 이따금
• inquiéter : 근심하다, 염려하다
• grave : 심각한, 위중한

95

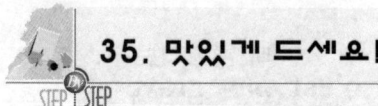
Ⓐ 아, 간호원이 오는군!

Ⓑ 오! 여기는 춥군요.

당신은 춥지 않으세요?

Ⓐ 아니요, 춥지 않아요.

오히려 더운걸요.

Ⓑ 여기 식사 가져왔어요.

맛있게 드세요.

Ⓐ 배고프지 않은데요.

Ⓑ 그래도 회복하려면 드셔야 해요.

본 아뻬띠
Bon appétit!

아 브왈라 랭피르미에르
Ⓐ Ah! Voilà l'infirmière.

오 일 페 프르와이씨
Ⓑ Oh! Il fait froid ici.

부 나베 빠 프르와이씨
Vous n'avez pas froid ici?

농 쥬 네 빠 프르와
Ⓐ Non, Je n'ai pas froid,

줴 쇼 오 꽁트레르
j'ai chaud au contraire.

브왈라 보트르르빠
Ⓑ Voilà votre repas.

본 아뻬띠
Bon appétit!

쥬 네 빠 팽
Ⓐ Je n'ai pas faim.

메 일 포 멍줴 뿌르 게리르
Ⓑ Mais il faut manger pour guérir.

97

STEP STEP ◀

–따르릉! 따르릉!–

Ⓐ 여보세요!

Ⓑ 예, 저는 인수인데요.

Ⓐ 김선생님 좀 바꿔 주세요.

Ⓑ 기다려 보세요.

Ⓒ 여보세요! 누구세요?

Ⓐ 저는 민수예요.

WORDS & PHRASES

- appareil : (n, m) 기구, 도구
  *qui està láppareil? : 누구세요?
- parler à : ~에게 말하다
- rester : 머무르다, 남아 있다

끼 에 따 라빠레이으
Qui est à l'áppareil?

-Dznn! Dznn!-

Ⓐ 알로
Allô!

Ⓑ 위 쎄 인수 끼 빠흘르
Oui, c'est Insoo qui parle.

Ⓐ 쥬 데지르 빠흘레 아 므씨유 김
Je désire parler à Monsieur Kim.

Ⓑ 레스떼 아 라빠레이으 씰 부 쁠레
Restez à l'appareil, s'il vous plaît.

Ⓒ 알로 끼 에 따 라빠레이으
Allô! qui est à l'appareil?

Ⓐ 이씨민수
Ici Minsou.

버스 정류장에서

▶ 루브르박물관에 가는데 어떤 버스를 타야합니까?

께르 뷔쓰 프랑-똥 뿌르 르 루브르
Quel bus prend-on pour Le Louvre?

▶ 23번 버스를 타십시오.

프러네 르 뷔스 뱅트와
Prenez le bus vingt-trois.

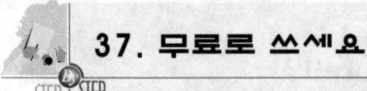

37. 무료로 쓰세요.

Ⓐ 댁의 전화를 쓸 수 있을까요?

Ⓑ 물론이죠.

Ⓐ 어디 있죠?

Ⓑ 탁자 위에 있어요.

Ⓐ 전화 번호부는 있습니까?

Ⓑ 예, 여기 있어요.

Ⓐ 통화료는 얼마예요?

Ⓑ 무료로 쓰세요.

엉쁠루와이에 아 띠트르 그라뛰
Employez á titre gratuit.

Ⓐ
불레　부　므 뻬르메트르 덩쁠르와이에
Voulez-vous me permettre d'employer

보트르 뗄레폰느
votre téléphone?

Ⓑ
비앙 쒸르 므씨유
Bien sûr, monsieur.

Ⓐ
우 에 떨
Où est il?

Ⓑ
일 에 쒸르 라 따블르
Il est sur la table?

Ⓐ
아베 부　윈느 아뉘에르 데　뗄레폰느
Avez-vous une anuaire des téléphones?

Ⓑ
위　르 브와씨
Oui, le voici.

Ⓐ
께르 레 르 프리 더나 뺄
Quel est le prix d'un appel?

Ⓑ
엉쁠루와이에 아 띠트르 그라뛰
Employez à titre gratuit.

101

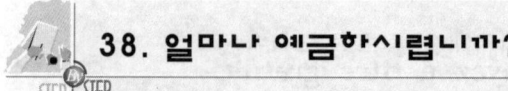
Ⓐ 어떻게 오셨어요?

Ⓑ 예금 좀 하려고 하는데요?

Ⓐ 얼마나 예금하시렵니까?

Ⓑ 5,000원입니다.

Ⓐ 잠시만 기다려 주세요.

(잠시 후)

Ⓐ 여기 예금통장이 있어요.

Ⓑ 감사합니다.

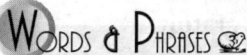

WORDS & PHRASES 32

- déposer : 예금하다
- argent : (n, m)돈, 은
- le carnet de banque : 예금통장

꽁비앙　　볼레　부　데보제
Combien voulez-vous déposer?

꼬　데지레　부
Ⓐ Que désirez-vous?

쥬 데지르 데보제　드 라르정
Ⓑ Je désire déposer de l'argent.

꽁비앙　　볼레　부　데보제
Ⓐ Combien voulez-vous déposer?

쌩껑뜨　　밀르　원
Ⓑ Cinquante mille won.

뵈이에　자떵드르 어 냉쓰땅
Ⓐ Veuillez attendre un instant.

아프레 정 냉쓰땅
(après un unstant)

브와씨르 까르네 드 방끄
Ⓐ Voici le carnet de banque.

메르씨 마드므와젤
Ⓑ Merci, mademoiselle.

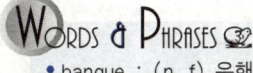

WORDS & PHRASES 32

• banque : (n, f) 은행

Ⓐ 빈 방 있습니까?

Ⓑ 어떤 방이요?

Ⓐ 욕실 달린 침대 하나의 방을 주세요.

Ⓑ 이리로 오세요.

이 방을 어떻게 생각하세요?

Ⓐ 전망이 참 좋군요!

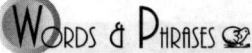

WORDS & PHRASES ♋

- chambre : (n, f) 방
- quel(lle) : (의문 형용사) 어떤~?
- convenir à : ~의 마음에 들다.

104

아베 부 원느 샹브르 리브르
Avez-vous une chambre libre?

Ⓐ 아베 부 원느 샹브르 리브르
Avez-vous une chambre libre?

Ⓑ 께르 쏘르뜨
Quelle sorte?

Ⓐ 원느 샹브르 아 엉 리 아베끄쌀르 드
Une chambre à un lit avec salle de

뱅 씰 부 쁠레
bains, s'il vous plaît.

Ⓑ 빠르 이씨 므씨유
Par ici, monsieur.

꼬망 투르베 부 쎄스뜨 샹브르
Comment trouvez-vous cette chambre?

Ⓐ 께르 벨르 뷔
Quelle belle vue!

기차역에서

▶기차 시간표가 어디에 있습니까?
우 쏭 레 조래르 데 트랭
Où sont les horaires des trains?

▶ '리용' 가는 표 2장 주세요.
되 비예 뿌르 '리용' 씰 부 쁠래
Deux billets pour 'Lyon', s'il vous plaît

105

Ⓐ 방을 하나 주세요.

하루 숙박료가 얼마죠?

Ⓑ 8천 원입니다.

Ⓐ 숙박료는 할인해 주실 수 없어요?

Ⓑ 1주일 머무르시면,

15퍼센트를 할인해 드리겠습니다.

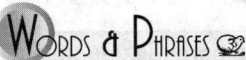

- par : ~당, ~마다.
- pourriez→pouvoir 동사의 조건법, ~할 수 있다.
- réduction : (n, m) 할인, 절감, 감축.

께ㄹ 레 르 프리 빠르 쥬르
Quel est le prix par jour?

Ⓐ 쥬 데지르 엉 샹브르
Je désire un chambre.

께ㄹ 레 르 프리 빠르 쥬르
Quel est le prix par jour?

Ⓑ 위 밀르 원 므씨유
Huit mille won, monsieur.

Ⓐ 느 뿌리에 부 빠 므 페르 윈느
Ne pourriez-vous pas me faire une

레뒤ㄱ씨옹 드 프리
reduction de prix?

Ⓑ 씨 부 지 레스떼 윈느 스맨느
Si vous y restez une semaine,

누 누 프롱 윈느 레뒤ㄱ씨옹 드 깽즈
nous nous ferons une reduction de quinze

뿌르 성
pour cent.

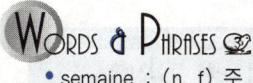
Words & Phrases 32
• semaine : (n, f) 주

41. 숙박계를 써 주세요.

Ⓐ 숙박계를 써주세요.

Ⓑ 알겠습니다.

Ⓐ 주소, 직업, 연령을

기입해 주시겠습니까?

Ⓑ 됐어요?

Ⓐ 좋아요.

짐을 올려 보내 드릴께요.

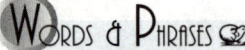

WORDS & PHRASES ✏

- veuillez → vouloir 동사의 명령법 ~해 주십시오
- incrire : 쓰다, 기입하다
- registre : (n, m) 장부, 기록부

뵈이에 쟁크리르 쒸르 르 르쥐쓰트르 드 로뗄
Veuillez incrire sur le registre de l'hôtel.

Ⓐ 뵈이에 쟁크리르 쒸르 르 르쥐쓰트르 드 로뗄
Veuillez incrire sur le registre de l'hôtel.

Ⓑ 비앵
Bien.

Ⓐ 불레 부 쟁크리르 보트르 아드레쓰
Voulez-vous incrire votre adresse,

보트르 프로페씨용 에 보트르 아쥬
votre profession et votre âge?

Ⓑ 에 쓰 비앵
Est-ce bien?

Ⓐ 쎄 비앵
C'est bien.

쥬 베 페르 아보르떼 보 바갸쥬
Je vais faire apporter vos bagages.

WORDS & PHRASES

- profession : (n, f) 직접
- âge : (n, m) 나이

109

STEP STEP ◀

Ⓐ 식당은 어디에 있죠?

Ⓑ 1층에 있어요.

Ⓐ 몇 시에 목욕할 수 있습니까?

Ⓑ 어느 때든지 하세요.

Ⓐ 그리고 저는 내일 떠나니까

계산서를 갖다 주세요.

Ⓑ 알겠습니다.

WORDS & PHRASES ☎

- la salle à manger : 식당
- apporter : 가져오다
- note : (n, f) 계산서
- rez-de-chaussé : (n, m) 아래층

아보르떼 므와 마 노뜨
apportez-moi ma note.

Ⓐ 우 에 라 쌀 라 멍줴
Où est la salle à manger?

Ⓑ 엘 레 또 레 드 쇼쎄
Elle est au rez-de-chaussé.

Ⓐ 아 꿸 뢰르 쀼 쥬 프랑드르 엉 뱅
A quelle heure puis-je prendre un bain?

Ⓑ 냉보르뜨 껑
N'importe quand.

Ⓐ 에 쥬 빠르 드맹
Et, je pars demain.

아보르떼 므와 마 노뜨
Apportez-moi ma note.

Ⓑ 위 므씨유
Oui, monsieur.

기차역에서

▶ 나는 유레일 패스가 있습니다.
줴 라 꺄르뜨 '외라이으 빠쓰'
J'ai la carte 'Eurail pass'.

▶ 이 자리 비어 있습니까?
쎄뜨 쁠라쓰 에 리브르
Cette place est libre?

111

43. 방을 하나 예약했는데요.

Ⓐ 안녕하십니까?

어제 전화해서 방을 하나 예약했는데요.

Ⓑ 성함이 어떻게 되시죠?

Ⓐ 김인수입니다.

Ⓑ 김인수씨라…… 잠깐만요.

Ⓐ 고객용 차고가 있습니까?

Ⓑ 예, 지하에 있어요.

WORDS & PHRASES ㉜

- réserver : 예약하다
- garage : (n, m) 차고
- client : (n, m) 손님, 고객

쥬 레제르베 윈느 샹브르
J'ai réservé une chambre.

봉쥬르 므씨유
Ⓐ Bonjour, monsieur.

쥬 부 제 뗄레포네 이에르 에 쥬
Je vous ai téléphoné hier et j'ai

레제르베윈느 샹브르
réservé une chambre.

아 께르 농 씰 부 쁠레
Ⓑ A quel nom, s'il vous plaît.

인수 김
Ⓐ In-soo Kim.

므씨유 인수 김   어 냉쓰땅
Ⓑ M. In-soo Kim······ un instant.

아베 부 정 갸라쥬 뿌르 레 끌리엉
Ⓐ Avez-vous un garage pour les clients?

위 일 에 또 쑤 쏠
Ⓑ Oui, il est au sous-sol.

WORDS & PHRASES 32

• sous-sol : (n, m) 지하실

ⒶⒶ 여기가 손님의 방인데요.

ⒷⒷ 이 방은 거리쪽으로 나있어요?

ⒶⒶ 아니요. 안뜰쪽으로 나있어요.

　매우 조용합니다.

ⒷⒷ 참 좋군요.

ⒶⒶ 필요한 것이 있으시면 전화하세요.

WORDS & PHRASES 32

- avoir besoin de : ～을 필요로 하다
- donner sur : ～로 향해 있다, ～로 나있다
- cour : (n, f) 안뜰
- calme : 조용한

씨 부 자베 브주앵 드 께르끄 쇼즈 부 뗄레포네
Si vous avez besoin de quelque chose, vous téléphonez.

브왈라 보트르 샹브르 므씨유
(A) Voilà votre chambre, monsieur.

에 쓰 껠르 돈느 쒸르라 뤼
(B) Est-ce qu'elle donne sur la rue?

농 므씨유 엘 돈느 쒸르 라 꾸르
(A) Non, monsieur. Elle donne sur la cour,

쎄 트레 깔므
C'est très calme.

쎄 트레 비앵
(B) C'est très bien.

씨 부 자베 브주앵 드 께르끄 쇼즈
(A) Si vous avez besoin de quelque chose,

부 뗄레포네
vous téléphonez.

기차역에서

▶ 식당칸이 있습니까?

일리 아 앵 바공-레스또랑
Il y a un wagon-restaurant?

▶ 어디에서 갈아 타야 합니까?

우 두와-쥬 샹줴 드 트랭
Où dois-je changer de train?

Ⓐ 실례합니다.

전보를 치고 싶은데요.

Ⓑ 여기가 아닌데요.

3번 창구에서 문의하세요.

Ⓐ 전보를 치고 싶은데요.

Ⓑ 여기 서식이 있으니 채우세요.

Ⓐ 알겠습니다.

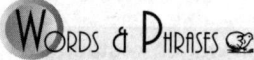

WORDS & PHRASES ✆

- envoyer : 보내다.
- guichet : (n, m) 창구
- formule : (n, f) 서식

아드레쎄 부 오 기쉐 트루와
Addressez-vous au guichet trois.

빠르동 마드므와젤
Ⓐ Pardon, mademoiselle,

쥬 데지르 엉브와이에엉 뗄레그람므
je desire envoyer un télégramme.

쓰 네 빠 지씨 마드므와젤
Ⓑ Ce n'est pas ici mademoiselle.

아드레쎄 부 오 기쉐 트루와
Addressez-vous au guichet trois.

므씨유 쥬 브 정브와이에엉 뗄레그람므
Ⓐ Monsieur, je veux envoyer un télégramme.

브와씨 윈느 포르뮐르 렁쁠리쎄
Ⓑ Voici une formule, remplissez-la.

비앵 므씨유
Ⓐ Bien, monsieur.

Words & Phrases

- remplisser : 채우다
- timbre : (n, m) 우표(= timbre de poste)
- s'adresser : 문의하다

STEP STEP ◀

Ⓐ 항공편으로 소포를 부치려고 하는데요.

Ⓑ 이 소포 안에는 무엇이 들어있죠?

Ⓐ 책 몇 권이 들어있어요.

Ⓑ 요금은 우표로 지불해 주세요.

WORDS & PHRASES 32

• paquet : (n, m) 소포, 짐, 꾸러미
• par avion : 항공 우편으로
• frais : (n, m) 요금
• en : ～으로(수단)

118

께 쓰 낄 리 아 당 쓰 빠께
Qu'est-ce qu'il y a dans ce paquet?

쥬 부드레 정브와이에쓰 빠께 빠 라비용
Ⓐ Je voudrais envoyer ce paquet par avion,

마드므와젤
mademoiselle.

께 쓰 낄 이아 당 쓰 빠께
Ⓑ Qu'est-ce qu'il y a dans ce paquet?

일 리아데 리브르 당 쓰 빠께
Ⓐ Il y a des livres dans ce paquet.

뵈이에 뻬이에 레 프레 정 땡브르
Ⓑ Veuillez payer les frais en timbres.

택시를 탈 때

▶이 주소로 갑시다.
아 쎄뜨 아드레쓰 씰 부 쁠래
A cette adresse, s'il vous plaît

▶시청으로 갑시다.
아 로뗄 드 빌 씰 부 쁠래
À cette adresse, s'il vous plaît

▶잠시만 기다려 주십시오.
아땅데 앵 모망
Attendez un moment.

119

47. 신고하실 물품이 있어요?

Ⓐ 여권 좀 보여 주시겠어요?

Ⓑ 여기 있어요.

Ⓐ 좋습니다.

신고하실 물품 있어요?

Ⓑ 아니요, 없는데요.

Ⓐ 짐좀 조사하겠습니다.

WORDS & PHRASES

- déclarer : 신고하다.
- passeport : (n, m) 여권
- passer : 통과하다, 지나가다
- examiner : 조사하다

아베 부 께르끄 쇼즈 아 데끌라레
Avez-vous quelque chose à déclarer?

볼레 부 므 몽트레 보트르 빠쓰뽀르
Ⓐ Voulez-vous me montrer votre passeport?

르 브와씨
Ⓑ Le voici.

쎄 비앵
Ⓐ C'est bien.

아베 부 께르끄 쇼즈 아 데끌라레
Avez-vous quelque chose à déclarer?

농 므씨유
Ⓑ Non, monsieur.

빠르메떼 므와 데그자미네 보 바갸쥬
Ⓐ Permettez-moi d'examiner vos bagages.

길을 잃었을 때

▶여기가 어디쯤일까?

우 엉 쏨 누?
Où en sommes-nous?

▶글쎄! 모르겠네요.

에 비앙 주 느 쌔 빠
Eh bien. Je ne sais pas.

▶틀림없이 이 근처인데

쎄 비앙 라 쌍 두뜨
C'est bien là sans doute.

121

Ⓐ 비행기 탈 시간이예요.

Ⓑ 안녕히 잘가요.

Ⓐ 안녕히 계세요.

　당신이 저에게 베푼 친절에

　감사 드립니다.

Ⓑ 휴가 때 불란서에서 다시 뵙시다.

WORDS & PHRASES 32

- regretter : 그리워하다, 후회하다
- reverrons→revoir 동사. 다시 보다, 다시 만나다

쥬　르그레트레　보꾸　　　라 꼬레
Je regretterai beaucoup la corée.

쎄　뤠르　드 프랑드르 라비옹
Ⓐ C'est l'heure de prendre l'avion.

오　르브와　므씨유
Ⓑ Au revoir, monsieur!

오　르브와
Ⓐ Au revoir.

메르씨 보꾸　　드 뚜 쓰 끄 부
Merci beaucoup de tout ce que vous

자베 페 뿌르 므와
avez fait pour moi.

르베롱　　누　정 프랑스 뻥덩　　레
Ⓑ Reverrons-nous en France pendant les

바깡쓰
vacances.

길을 잃었을 때

▶실례지만 몽빠르나쓰는 어느 길입니까?
빠르동 주 브드레 알레 아 몽빠르나쓰
Pardon. Je voudrais aller à Montparnasse.

▶곧바로 계속 가시다가 서쪽으로 가세요.
뚜 도와 에 뚜르네 아 고쉬
Tout droit et tournez à gauche.

123

49. 너무 짧게 자르지 마세요.

Ⓐ 머리 좀 자르려고 하는데요.

Ⓑ 의자에 앉으세요.

어떻게 잘라 드릴까요?

Ⓐ 너무 짧게 자르지 마세요.

Ⓑ 자, 다 됐어요.

거울을 보세요.

Ⓐ 잘 됐군요. 감사합니다.

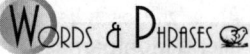

WORDS & PHRASES 32

• couper : 자르다
• cheveu : (n, m) 머리카락
• fauteuil : (n, m) 안락의자

124

느　레　꾸뻬　빠　트로　꾸르
Ne les coupez pas trop court.

Ⓐ 쥬 데지르 꾸뻬　레 슈뵈
Je désire couper les cheveux.

Ⓑ 아쎄이에 부　　당　쓰 포뙤이으
Asseyez-vous dans ce fauteuil.

꼬망　불레 부 껑 부 레
Comment voulez-vous qu'on vous les

꾸쁘
coupe?

Ⓐ 느　레　꾸뻬　빠　트로　꾸르
Ne les coupez pas trop court.

Ⓑ 브왈라 쎄　피니 르갸르데 부 당 라
Voilà, c'est fini. Regardez-vous dans la

클라쓰
glasse.

Ⓐ 트레　비앵　메르씨
Très bien, merci.

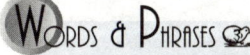

WORDS & PHRASES ㉜

• coiffeur(euse) : 미용사

50. 날씨가 어때요?

Ⓐ 오늘 날씨가 어때요?

Ⓑ 좋아요.

Ⓐ 그렇지만. 요즘은 날씨가 변덕스러워요.

Ⓑ 정말 그래요.

기상대에 의하면 오후에는 흐릴거래요.

Ⓐ 아마 내일은 비가 올걸요.

WORDS & PHRASES

• il fait~ : (날씨가)~합니다
• ces jours-ci : 요즘은
• nuageux : 구름낀, 흐린

126

께ㄹ 떵 페 띨
Quel temp fait il?

께ㄹ 떵 페 띨 오쥬르뒤
Ⓐ Quel temps fait il, aujourd'hui?

일 페 봉
Ⓑ Il fait bon.

메 르 떵 에 샹졍 당 쎄
Ⓐ Mais, le temps est changeant dans ces

쥬르 씨
jours-ci.

쎄 브레
Ⓑ C'est vrai.

라 메떼오 아농쓰 낄 프라 엉 떵
La météo annonce qu'il fera un temps

뉘아죄 아프레미디
nuageux, aprèsmidi.

쁘 떼트르 일 쁠뢰라 드맹
Ⓐ Peut être, il pleura, demain.

WORDS & PHRASES 32

- pleurer : 비오다
- peut-être : 아마도
- météo : (n, m) 일기예보, 기상대

127

Ⓐ 어휴 더워!

Ⓑ 지금은 삼복더위입니다.

Ⓐ 기온이 몇 도입니까?

Ⓑ 기상대에 의하면 33도래요.

Ⓐ 이것 봐요, 온통 땀으로 젖었어요.

Ⓑ 찬물로 샤워를 하세요.

WORDS & PHRASES ♋

- canicule : (n, m) 삼복
- être couvert de : ~으로 덮여 있다
- sueur : (n, m) 땀
- douch : (n, f) 샤워, 질책

128

꽁비앙　포　띨 오쥬르뒤
Combien fait il, aujourd'hui?

꾈 페 쇼
Ⓐ Qu'il fait chaud!

누　솜므　정 블랜느 까니꿸르
Ⓑ Nous sommes en pleine canicule.

꽁비앙　포　띨 오쥬르뒤
Ⓐ Combien fait il, aujourd'hui?

다프레　라 메떼오　일 포　트렁뜨 트르와
Ⓑ D'après la météo, il fait trente trois

드그레
degrés.

르갸르데　쥬 쒸　꾸베르　드 쒸외르
Ⓐ Regardez! Je suis couvert de sueur.

프르네　윈느 두슈　프르와드
Ⓑ Prenez une douche froide!

길을 잃었을 때

▶거리가 얼마나 되지요?
꽁비앙 뒤 떵 뒤르 띨
Combien du temps dure-t-il?

▶차로 30분 걸립니다.
싸 뒤르 트랑뜨 미뉴뜨 엉 봐뛰르
Ça dure trente minutes en voiture.

52. 서울에 온 지 얼마나 되셨어요?

STEP STEP ◄

Ⓐ 서울에 온 지 얼마나 되셨어요?

Ⓑ 20일 되었어요.

Ⓐ 내일 프랑스로 돌아가신다고요?

Ⓑ 예, 서울에서의 경기는 매우 인상적이었어요.

Ⓐ 안녕히 가세요.

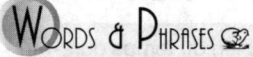

WORDS & PHRASES 32

• depuis : ~이래로
• rester : 머무르다
• retourner : 돌아가다

드삐 깡 에쓰끄 부 레스떼아 서울
Depuis quand est-ce que vous restez à Séoul?

ⓐ
드삐 깡 에쓰끄 부 레스떼아
Depuis quand et-ce que vous restez à

서울
Séoul?

ⓑ
드삐 뱅 쥬르
Depuis vingt jours.

ⓐ
부 잘레 르뚜르네 엉 프랑스 드맹
Vous allez retourner en France, demain,

네 쓰 빠
n'est-ce pas?

ⓑ
씨 레 주 쓰뽀르 아 서울 아 에떼
Si, les jeux sports à Séoul a été

트레 쟁프레씨오넝
très impressionants.

ⓐ
오 르브와
Au revoir!

WORDS & PHRASES ♫

- n'est-ce pas? : (부가의문문) 그렇지 않아요?
- impressionant(e) : 인상적인

Ⓐ 경기장 티켓을 살 수 있어요?

Ⓑ 모두 예약이 됐다고 하던데요.

Ⓐ 정말이예요?

Ⓑ 제가 한 장 드릴께요.

Ⓐ 당신의 친절에 감사드립니다.

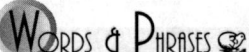

WORDS & PHRASES ❷

- billet : (n, m) 표, 티켓, 지폐
- à present : 이제
- bonté : (n, f) 호의, 선의

삐　쥬　프랑드르　몽　비에
Puis-je prendre mon billet?

Ⓐ 삐　쥬　프랑드르　몽　비에　뿌르　르 떼랭
Puis-je prendre mon billet pour le terrain

드 쓰뽀르
de sports?

Ⓑ 옹　디　끄　뚜　레　포뙤이으　쏭　프리 아
On dit que tous les fauteuils sont pris à

프레장
présent.

Ⓐ 브레망
Vraiment?

Ⓑ 쥬 부　정 도느레　엉
Je vous en donnerai un.

Ⓐ 쥬 부　쒸 비앵　르꼬네쌍　드 보트르
Je vous suis bien reconnaissant de votre

봉떼
bonté.

Ⓐ 사진을 찍고 싶어요.

Ⓑ 어떤 크기로 하시겠어요?

Ⓐ 명함판으로 하겠습니다.

Ⓑ 이 의자에 앉으세요.

Ⓐ 이렇게요?

Ⓑ 예, 좋습니다. 여기를 보세요.

WORDS & PHRASES ㉜

• format : (n, m), (사진의)형, 판
• le carte de visite : 명함판
• sur : ~의 위에
• regarder : 쳐다보다

쥬 브 르 포르마 까르뜨 드 비지뜨
Je veux le format carte de visite.

ⓐ 쥬 부드레 페르 마 포또그라피
Je voudrais faire ma photographie.

ⓑ 께르 포르마 데지레 부
Quel format désirez-vous?

ⓐ 쥬 브 르 포르마 까르뜨 드 비지뜨
Je veux le format carte de visite.

ⓑ 뵈이에 부 자쑤와르쒸르 셋뜨 쉐즈
Veuillez-vous asseoir sur cette chaise.

ⓐ 꼼 싸
Comme ça?

ⓑ 트레 비앵 르갸르데 지씨
Très bien. Regardez ici.

비행기를 탈 때

▶입국신고서

데끌라라씨옹 당트레
déclaration d'entrée

▶세관신고서

데끌라라씨옹 아 라 두완
déclaration à la douane

▶통관수속

포르마리떼 드 두완
formalité de douane

Ⓐ 명함판 사진 찍는데 얼마예요?

Ⓑ 한 세트에 6,000원입니다.

Ⓐ 언제 찾으러 올까요?

Ⓑ 이번 금요일날 오세요.

Ⓐ 알겠습니다.

Ⓑ 안녕히 가세요.

WORDS & PHRASES 32

• pourrais→pouvoir : 동사의 조건법, ~할 수 있다
• épreuve : (사진) 원판(= épreuve négative)
• sortiment : (n, m) 세트, 벌
• prochain(e) : 근접한, 다가오는

껑 뿌레 쥬 아브와르 레 제프뢰브
Quand pourrais-je avoir les epreuves?

께르 레 르 프리 뒤 포르마 까르뜨 드 비지뜨
Ⓐ Quel est le prix du format carte de visite?

씨 밀르 원 뿌르 엉 쏘르띠멍
Ⓑ Six mille won pour un sortiment.

껑 뿌레 쥬 아브와르 레 제프뢰브
Ⓐ Quand pourrais-je avoir les épreuves?

아 벙드르디 프로쉥
Ⓑ A vendredi prochain.

쎄 떵떵뒤
Ⓐ C'est entendu.

오 르브와 므씨유
Ⓑ Au revoir, monsieur.

비행기를 탈 때

▶손님 좌석은 통로에 있습니다.
보트리 쁠라스 에 베르 르 꿀로와
Votre place est vers le coulor.

▶저기 창가 좌석이군요.
보트르 쁠라스 에 베르 르 프네트르 라
Votre place est vers le fenêtre, là.

▶탑승권을 보여주십시오.
도네 모아 보트르 까르트 당바르끄망 씰 부 쁠레
Donnez-moi votre carte d'embarqueme nt, s'il vous plaît.

137

Ⓐ 안녕하세요.

오늘은 얼굴빛이 좋군요.

Ⓑ 여기는 무슨 일로 나오셨지요?

Ⓐ 출발을 위한 모든 것이 완료된 걸

알려 드리려고요.

Ⓑ 비행기표는요?

Ⓐ 아직 안샀어요.

WORDS & PHRASES

- mine : (n, f) 얼굴 모습, 용모, 표정
- amène à qin : ~를 데려오다
- le billet d'avion : 비행기표
- annoncer : 알리다

께 쓰끼 부 아멘느 이씨
Qu'est-ce qui vous amene ici?

봉쥬르 므씨유
Ⓐ Bonjour, monsieur.

부 자베 본느 민느 오쥬르뒤
Vous avez bonne mine aujourd'hui.

께 쓰 끼 부 아멘느 이씨
Ⓑ Qu'est-ce qui vous amène ici?

쎄 뿌르 아농쎄 끄 뚜 떼 떵
Ⓐ C'est pour annoncer que tout est en

레글르뿌르 빠르띠르
règle pour partir.

에 르 비에 다비옹
Ⓑ Et le billet d'avion?

빠 정꼬르
Ⓐ Pas encore!

비행기를 탈 때

▶오렌지주스 좀 주시겠습니까?

쥐 도랑쥐, 씰 부 쁠레?
Jus d'orange, s'il vous plaît?

▶담요 한 장 사용했으면 합니다.

윈느 꾸베르뛰르, 씰 부 쁠레
Une couverture, s'il vous plaît.

139

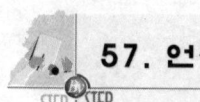

57. 언제 떠나실 건가요?

Ⓐ 안녕하세요.

어떻게 오셨어요?

Ⓑ 서울 - 빠리간 비행기표를

여기서 사나요?

Ⓐ 그렇습니다.

Ⓑ 그럼 한 장 주십시오.

WORDS & PHRASES ♏

- partir : 떠나다
- voulez→vouloir : 동사. ~하고 싶다
- faites→faire : 동사

껑　　불레　부　　빠르띠르
Quand voulez-vous partir?

봉쥬르　　므씨유
Ⓐ Bonjour, monsieur.

께　　쓰 낄　리아 뿌르 보트르 쎄르비쓰
Qu'est-ce qu'il y a pour votre service.

쁘　　　뚱 프랑드르 이씨 데 비에　디렉트
Ⓑ Peut on prendre ici des billets directs

서울　빠리
Séoul-Paris?

비앵 쒸르 므씨유
Ⓐ Bien sûr, monsieur.

알로르 펫뜨 므와 엉 비에
Ⓑ Alors, faites-moi un billet

서울　빠리　씰 부　　블레
Séoul-Paris, s'il vous plaît.

비행기를 탈 때

▶신문을 보고 싶습니다.

엉 쥬르날, 씰 부 쁠레
Un journal, s'il vous plaît.

▶화장실은 어디에 있습니까?

우 에 르 까비네 드 또왈레뜨?
Oui est le cabinet de toilettes?

Ⓐ 전 극장에 가고 싶은데요.

Ⓑ 몇 시예요?

Ⓐ 2시예요.

Ⓑ 제가 광고를 볼께요.

Ⓐ 장내에서 담배 피워도 되나요?

Ⓑ 천만에요!

WORDS & PHRASES ㉜

- pouvoir + inf : ~할 수 있다
- consulter : 열람하다, 문의하다, 조사하다
- affiche : (n, f) 게시, 벽보, 광고
- fumer : 담배 피우다

옹　두와　부브와르　피메　당　라 쌀르
On doit pouvoir fumer dans la salle?

쥬 부드레　잘레 오 씨네마
Ⓐ Je voudrais aller au cinéma.

아 께르　뤠르
Ⓑ À quelle heure?

아 되　죄르
Ⓐ À deux heure.

쥬 베　꽁씰떼　라피슈
Ⓑ Je vais consulter l'affiche.

옹　두와 부브와르 피메　당　라 쌀르
Ⓐ On doit pouvoir fumer dans la salle?

메　농
Ⓑ Mais non!

비행기 탈 때

▶비행 시간은 얼마나 됩니까?
께르 에 라 뒤레 뒤 볼
Quelle est la durée du vol?

▶몇 시에 도착합니까?
옹 아리브 아 께르 뢰르
On arrive à quelle heure?

▶비행기가 연착합니까?
라비옹 아 뒤 르따르
L'avion a du retard?

143

Ⓐ 이 약도로 길을 좀 가르쳐 주시겠어요?

Ⓑ 어디 가시는데요?

Ⓐ 잠실에 가려고 하는데요.

Ⓑ 지하철을 타시는게 좋을 것 같은데요.

Ⓐ 지하철은 어디 가면 탈 수 있죠?

Ⓑ 이 길로 곧장 가세요.

WORDS & PHRASES

- carte : (n, f) 표, 약도.
- je crois que : ~라고 생각합니다
- ferrez→faire : 동사

144

불레 부 므 몽트레 르슈맹 쒸르 셋뜨 까르뜨
Voulez-vous me montrer le chemin sur cette carte?

Ⓐ
불레 부 므 몽트레 르 슈맹 쒸르
Voulez-vous me montrer le chemin sur

셋뜨 까르뜨
cette carte?

Ⓑ
우 알레 부
Où allez-vous?

Ⓐ
쥬 부 잘레 아 잠실
Je veux aller à Jamsil.

Ⓑ
쥬 크르와 끄 부 프레 미외 드 프랑드르
Je crois que vous ferrez mieux de perndre

르 메트로
le métro.

Ⓐ
우 삐 쥬 프랑드르 르 메트로
Où puis-je prendre le métro?

Ⓑ
쒸베 셋뜨 뤼 뚜 드르와
Suvez cette rue tout droit.

Words & Phrases 32

- métro : (n, m) 지하철
- suivre : (길을) 따라가다
- tout droit : 곧바로

60. 잠실까지 가는 표는 얼마지요?

STEP STEP ◀

Ⓐ 표는 어디서 삽니까?

Ⓑ 역에 있는 창구에서 사요.

Ⓐ 차비는 일률적으로 같습니까?

Ⓑ 아니요, 거리에 따라서 달라집니다.

Ⓐ 잠실까지 가는 표는 얼마지요?

Ⓑ 1000원입니다.

WORDS & PHRASES ♬

- puis→(=peux)pouvoir : 동사. ~할 수 있다
- guichet : (n, m) 창구
- pareil(ille) : 유사한
- varier : 변하다, 다양해지다.
- longeur : (n, m) 길이

146

께ㄹ 레 르 프리 뒤 비에 뿌르 잠실
Quel est le prix du billet pour Jamsil?

우 삐 쥬 아슈떼 르 비에
Ⓐ Où puis-je acheter le billet?

오 귀쉐 드 라 스따씨옹
Ⓑ Aux guichets de la station.

르 프리 뒤 비에 에 띨 뚜쥬르 빠레이으
Ⓐ Le prix du billet est il toujours pareil?

농 일 바리으 아베끄 라 롱궤르 뒤
Ⓑ Non, il varie avec la longueur du

트라줴 따 페르
trajet à faire.

께ㄹ 레 르 프리 뒤 비에 뿌르 잠실
Ⓐ Quel est le prix du billet pour Jamsil?

밀 원
Ⓑ Mille won.

비행기 탈 때

▶비행기를 갈아타야 합니다.
쥬 도와 샹제 다비옹
Je dois changer d'avion.

▶탈 비행기편의 확인은 어디에서 합니까?
우 쥬 도와 꽁피르메 라비옹 아 프랑드르?
Où je dois confirmer l'avion à prendre?

147

STEP STEP ◀

Ⓐ 기사분, 좋은 호텔로 안내해 주세요.

Ⓑ 어떤 호텔이요?

Ⓐ 도심에 있는 호텔로 갑시다.

Ⓑ 예, 다 왔어요.

Ⓐ 감사합니다.

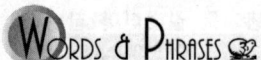

WORDS & PHRASES

- centre : (n, m) 중심부
- préférer : 더 좋아하다
- chauffeur : (n, m) 운전수
- conduire : 안내하다, 인도하다

148

쥬 프레페르 어 노뗄 프레 뒤 썽트르 드 라 빌르
Je préfére un hôtel près du centre de la ville.

Ⓐ 쇼페르   꽁뒤제   모와아엉 봉   오뗄
Chauffeur, conduisez-moi a un bon hôtel.

Ⓑ 께르 로뗄
Quel hôtel?

Ⓐ 쥬 프레페레 어 노뗄   프레 뒤 썽트르
Je préférais un hôtel près du centre

드 라 빌르
de la ville.

Ⓑ 위   므씨유   누   지 브왈라
Oui, monsieur. Nous y voilà.

Ⓐ 메르씨 므씨유
Merci, monsieur.

입국 심사

▶여권을 보여주시겠습니 까?

도네 모아 보트르 빠스쁘르?
Donnez-moi votre passeport?

▶여기 있습니다.

뜨네
tenez.

▶입국카드를 보여주시겠습니 까?

도네 모아 보트르 까르뜨 당트레?
Donnez-moi votre carte d'entrée?

149

Ⓐ 만년필 있어요?

Ⓑ 예, 여러 가지 가격의 만년필이 있어요.

Ⓐ 이걸로 하겠어요.

Ⓑ 이건 10,000원으로 드리겠습니다.

Ⓐ 좀더 싸게 할 수는 없어요?

Ⓑ 우리는 정가로 팝니다.

WORDS & PHRASES ㉜

- différent(e) : 다양한
- ne ~ que = seulement : 단지
- moins : (n, m) 보다 적은 수

부　느　뿌베　빠　무앵
Vous ne pouvez pas moins?

Ⓐ 아베 부 데 스띨로
Avez-vous des stylos?

Ⓑ 누 저 나봉 아 디페렁 프리
Nous en avons à différents prix.

Ⓐ 쥬 르 프랑드레
Je le prendrai.

Ⓑ 쥬 부 레쓰레 쓰뤼 씨아 디 밀 원
Je vous laisserai celui-ci à dix mille won.

Ⓐ 부 느 뿌베 빠 무앵
Vous ne pouvez pas moins?

Ⓑ 누 나봉 껑 쐴르 프리
Nous n'avons qu'un seul prix.

입국 심사

▶방문 목적은 무엇입니까?

에 르 모피프 드 보트로 바야쥐?
Quel est le motif de votre voyage?

▶관광입니다(사업입니다).

쥬 비앙 뿌르 뚜리즘(아페르)
Je viens pour tourisme(affaires).

▶돌아가실 항공권은 있습니까?

부 자베 엉 알레 러뜨르?
Vous avez un aller-retour?

151

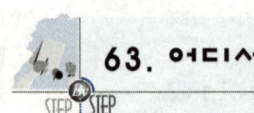 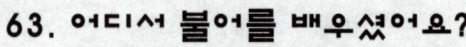

63. 어디서 불어를 배우셨어요?

ⓐ 불어할 줄 아세요?

ⓑ 잘은 못해요. 그러나 천천히 말씀하시면

　이해할 수 있을 거예요.

ⓐ 어디서 불어를 배우셨어요?

ⓑ 학교에서 배웠어요.

ⓐ 잘 하시는데요.

ⓑ 감사합니다.

WORDS & PHRASES

- apprendre : 배우다
- comprendre : 이해하다
- lentement : 이해하다
- si (접속사) : 만일 ~라면

우 아베 부 자프리 프랑세
Où avez vous appris français?

빠홀레 부 프랑세
Ⓐ Parlez-vous français?

쥬 느 빠홀르빠 비엥 메 쥬 뿌레
Ⓑ Je ne parle pas bien. Mais, je pourrais

꽁프랑드르 씨 부 빠홀리에 렁뜨멍
comprendre si vous parliez lentement.

우 아베 부 자프리 프랑세
Ⓐ Où avez-vous appris français?

쥬 라 아프리 자 레꼴르
Ⓑ Je l'a appris à l'école.

부 빠홀레 비엥
Ⓐ Vous parlez bien.

메르씨 므씨유
Ⓑ Merci, monsieur.

입국 심사

▶얼마동안 머무르실 계획이신가요?

꽁비앙 드 땅 레스떠 부?
Combien de temps restez-vous?

▶10 일 동안입니다.

디 쥬르
dix jours.

153

64. 천천히 말씀해 주세요.

STEP STEP ◀

Ⓐ 제 말을 이해하셨어요?

Ⓑ 아니요 잘 모르겠어요.

천천히 말씀해 주시겠어요?

Ⓐ 저는 서울과 당신을 알게 되어

기쁘다고 했어요.

Ⓑ 아아, 이제 알겠어요.

저도 당신을 알게 되어 기뻐요.

WORDS & PHRASES 32

- comprendre : 이해하다
- je vous prie : 부디
- être content de : ~하게 되어 기쁘다
- aussi : 역시, 또한

Parlez lentement.

에 쓰 끄 부 마베 꽁프리
Ⓐ Est-ce que vous m'avez compris?

농 쥬 느 부 꽁프랑 빠 비엥
Ⓑ Non, je ne vous comprends pas bien.

빠흘레 렁뜨멍 쥬 부 프리
Parlez lentement, je vous prie?

쥃 디 끄 쥬 쒸 꽁떵 드 꼬네트르
Ⓐ J'ai dit que je suis content de connaître

서울 에 부
Séoul et vous.

아! 쥐 쒸 쥬 쒸 꽁떵 드 부
Ⓑ Ah! J'y suis. Je suis content de vous

꼬네트르 오씨
connaître, aussi.

세관 심사

▶신고하실 물건이 있습니까?

까베 부 아 데끌라레?
Qu'avez-vous à déclarer?

▶아니오. 신고할 것이 없습니다.

농. 쥬 네 리앙 아 데끌라레
Non. Je n'ai rien à déclarer.

65. 몇 시죠?

Ⓐ 몇 시입니까?

Ⓑ 12시 30분인데요.

Ⓐ 정확합니까?

Ⓑ 역에서 시계를 맞추었습니다.

Ⓐ 내 시계는 하루에 2분식 늦어요.

   고쳐야겠어요.

WORDS & PHRASES

- exacte : 정확한
- mienne : (소유대명사, 여성), 나의 것
- retarder : 늦다
- régler : 고치다

께르 뤠르 에 띨
Quelle heure est il?

(A) 께르 뤠르 에 띨
Quelle heure est il?

(B) 일 에 미디 에 드미
Il est midi et demie.

(A) 아베 부 뤠르 에그작뜨
Avez-vous l'heure exacte?

(B) 줴 프리 뤠르 아 라 갸르
J'ai pris l'heure à la gare.

(A) 라 미엔느 르따르드 드 되 미뉘드 빠르
La mienne retarde de deux minutes par

쥬르 엘 아 브주앵 데트르 레글레
jour. Elle a besoin d'être réglée.

세관 심사

▶가방 좀 열어보실까요?
우브레 보뜨르 바가쥐 씰 부 쁠레?
Ouvrez votre bagage, s'il vous plaît?

▶네, 그러죠.
비앙 쉬르
Bien sûr.

157

Ⓐ 나는 불어 공부를 하고 있는 중입니다.

Ⓑ 잘돼가요?

Ⓐ 그럭저럭.

그런데 A라는 말을 불어로 뭐라고 합니까?

Ⓑ 저기 있는 불란서 사람에게 물어보세요.

WORDS & PHRASES

- mot : (n, m) 단어, 말
- être en train de : ~하는 중이다
- comme ci comme ça : 그럭저럭
- demander : 묻다, 요구하다

께르 레 르 모 프랑쎄 뿌르 아
Quel est le mot français pour A?

A 쥬 쒸 정 트랭 데뛰디에 프랑쎄
Je suis en train d'etudier français.

B 싸 바
Ça va?

A 꼼 씨꼼 싸
Comme ci comme ça.

에 비앵 께르 레 르 모 프랑쎄 뿌르 아
Eh bien, quel est le mot français pour A?

B 드망데 오 프랑쎄 라 바
Demandez au français là-bas.

세관 심사

▶이것은 무엇입니까?
께스끄 세?
Qu'est-ce que c'est?

▶친척에게 줄 선물입니다.
쎄 떵 까도 뿌르 엉 빠렁
C'est un cadeau pour un parent.

▶감사합니다. 즐거운 여행 되십시오.
메르시 봉 바아쥐
Merci. Bon voyage.

Ⓐ 양복 한 벌 맞추고 싶습니다.

Ⓑ 여기 복지 견본들이 있습니다.

Ⓐ 이 복지가 마음에 듭니다.

Ⓑ 손님의 치수를 재 드리겠습니다.

Ⓐ 선금을 내야 합니까?

Ⓑ 4분의 1의 선금만 주십시오.

WORDS & PHRASES ☜

- arrhes : (n, f) (pl) 선금, 예약금
- complet(ète) : 완전한
- mesure : (n, f) 측정, 치수
- échantillon : (n, m) 견본, 발췌
- tissu : (n, m) 직물, 옷감
- étoffe : (n, f) 천

드와 쥬 데보제 데 쟈르
Dois-je déposer des arrhes?

쥬 데지르 엉 베스똥 꽁블레 페 쒸르
Ⓐ Je désire un veston complet fait sur

므쮜르
mesures.

브와씨 께르끄 에샹띠용 데 띠쉬
Ⓑ Voici quelque échantillons des tissus.

젬므 비엥 쎄뜨 에또프
Ⓐ J'aime bien cette étoffe.

뻬르메떼 므와 드 프렁드르 보 므쮜르
Ⓑ Permettez-moi de prendre vos mesures.

드와 쥬 데보제 데 쟈르
Ⓐ Dois-je déposer des arrhes?

뵈이예 뻬이에 르 까르 다방쓰
Ⓑ Veuillez payer le quart d'avance.

환전소에서

▶환전해 주세요.

뿌베 부 므 샹제 쎄 다르장
Pouvez-vous me changer cet argent.

▶잔돈으로 부탁합니다.

삐 주 아보아 드 라 모네
Puis-je avoir de la monnaie.

161

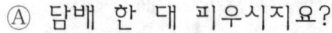

68. 담배 한 대 피우시지요?

Ⓐ 담배 한 대 피우시지요?

Ⓑ 감사합니다.

이 담배는 너무 독하군요.

Ⓐ 무슨 담배를 피우시는데요?

Ⓑ 저는 '디스'를 피웁니다.

Ⓐ 그것들은 순한가요?

Ⓑ 예. 그것들이 제 기호에 맞아요.

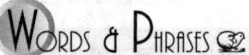

WORDS & PHRASES

- offrir : 제공하다
- fort(e) : 독한, 강한
- doux(uce) : 순한, 연한

삐 쥬 부 조프리르 윈느 씨가레뜨
Puis-je vous offrir une cigarette?

삐 쥬 부 조프리르윈느 씨가레뜨
Ⓐ Puis-je vous offrir une cigarette?

메르씨
Ⓑ Merci.

쎄뜨 씨가레뜨 에 비엥 포르
Cette cigarette est bien fort.

께 스 끄 부 쀰므 꼼므
Ⓐ Qu'est-ce que vous fumez comme

씨가레뜨
cigarette?

므와 쥬 쀰므 디스
Ⓑ Moi, je fume 'This'.

에 뗄 두쓰
Ⓐ Es elles douces?

위 엘 쏭 드 몽 구
Ⓑ Oui elles sont de mon gôut.

WORDS & PHRASES ㉜

• goût : (n, m) 취향, 기호

163

69. 품절됐어요.

Ⓐ 붉은색 만년필을 하나 사고 싶은데요.

Ⓑ 그것들은 품절됐어요.

이 색은 어때요?

Ⓐ 이 색은 좋아하지 않아요. 다른 건 없어요?

Ⓑ 유감스럽게도 없는데요.

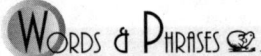

WORDS & PHRASES 📌

- voudrais→vouloir 의 조건법 : ～하고 싶습니다
- malheureusement : 불운하게도, 유감스럽게도

일 쏭 벙뒤 꽁쁠레뜨망
Ils sont vendus complètement.

ⓐ 쥬 부드레 자슈떼 엉 스띨로 로즈
Je voudrais acheter un stylo rose.

ⓑ 일 쏭 벙뒤 꽁쁠레뜨망
Ils sont vendus complètement.

꼬멍 트루베 부 쎄뜨 꿀뢰르
Comment trouvez-vous cette couleur?

ⓐ 쥬 냄므 빠 쎄뜨 꿀뢰르 리엥 도트르
Je n'aime pas cette couleur. Rien d'autre?

ⓑ 말뢰레즈망
Malheureusement……

▶ 200프랑을 환전해 주세요.
샹제 셋 따르장 씰 부 쁠레
Changez cet argent, s'il vous plaît.

▶ 어떻게 바꿔드릴까요?
꼬망 쥬 뿌 샹제?
Comment je peux changer?

▶ 싸인해 주십시오.
씬네
Signez.

70. 이 시계를 고치고 싶습니다.

STEP STEP

◀

ⓐ 이 시계를 고치고 싶은데요.

ⓑ 예, 좋습니다.

ⓐ 언제 찾으러 올까요?

ⓑ 일주일은 걸리는데요.

ⓐ 좀더 빨리 수선해 주실 수 없습니까?

ⓑ 안되겠는데요.

WORDS & PHRASES 32

- soit→être : 동사의 접속법
- réparer : 수선하다
- tôt : 일찍
- demander : 요구하다, (얼마가)걸리다

쥬 브 끄 쎄뜨 몽트르 쓰와 레빠레
Je veux que cette montre soit réparée.

Ⓐ 쥬 브 끄 쎄뜨 몽트르 쓰와 레빠레
Je veux que cette montre soit réparée.

Ⓑ 트레 비엥 므씨유
Très bien, monsieur.

Ⓐ 깡 삐 쥬 라바르
Quand puis-je l'avoir?

Ⓑ 쏠라 드망드 윈느 쓰멘느
Cela demande une semaine.

Ⓐ 느 뿌베 부 빠 라 레빠레 쁠뤼 또
Ne pouvez-vous pas la réparer plus tôt?

Ⓑ 농 쥬 느 르 삐 빠
Non je ne le puis pas.

호텔 예약

▶방을 예약하고 싶습니다.
쥬 브드레 레제르베 윈느 샹브르
Je voudrais réserver une chambre.

▶방 요금이 얼마입니까?
꽁비앙 싸 꾸드?
Combien ça coûte?

▶싼 것들도 있습니까?
아베 부 메이어르 마르쉐?
Avez-vous meilleur marché?

167

71. 줄을 서세요.

Ⓐ 남대문행 버스는 어디서 타지요?

Ⓑ 여기입니다.

Ⓐ 몇 번을 타야 합니까?

Ⓑ 55번을 타세요.

  그리고 버스를 타려면 줄을 서세요.

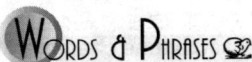

WORDS & PHRASES 32

- faire la queue : 줄을 서다
- prendre : (차를) 타다
- pour : ~행
- monter : 오르다

페뜨 라 꿰
Faites la queue.

우 삐 쥬 프렁드르 로또 뿌르
Ⓐ Où puis-je prendre l'auto pour

남대문
Namdaemun?

이씨
Ⓑ Ici.

끼엘 뉘메로 씰 부 뿔레
Ⓐ Quel unméro, s'il vous plaît?

뉘메로 쌍깡뜨 쌩끄 에 페뜨 라
Ⓑ Numéro cinquante-cinque, et faites la

꿰 뿌르 몽떼 당 로또
queue pour monter dans l'auto.

호텔 예약

▶그 호텔까지 무얼타고 가지요?

께스끄 쥬 뿌 프랑드르 뿌르 알레 아 쎄또뗄?
Qu'est-ce que je peux prendre pour aller à cet hôtel?

▶셔틀버스를 타시면 여기에 오실 수 있습니다.

부 뿌메 프랑드르 르 뷔스 아 나베드
Vous pouvez prendre le bus à navette.

▶얼마나 자주 운행합니까?

꽁비앙 드 푸아 일 씨르뀔?
Combien de fois il circule?

169

72. 저와 한 판 하시겠어요?

STEP STEP

Ⓐ 어떤 게임을 하세요?

Ⓑ '바둑'이라고 아세요?

Ⓐ 물론이지요.

저와 한 판 하시겠어요?

Ⓑ 기꺼이. 그렇지만 저는 잘 못합니다.

WORDS & PHRASES

- jeu : (n, m) 놀이, 경기, 게임
- jouer : 경기하다, 게임하다
- faire une partie : 한 판 벌이다
- volontiers : 기꺼이
- médiocre : 보잘 것 없는, 초라한, 빈약한

불레　부　페르　윈느　빠르띠　아벡끄　므와
Voulez-vous faire une partie avec moi?

께르　쥬　쥬에　부
Ⓐ Quel jeu jouez-vous?

꼬네쎄　부　'바둑'
Ⓑ Connaissez-vous 'Badook'?

비엥　쒸르
Ⓐ Bien sûr.

불레　부　페르　윈느　빠르띠　아벡끄　므와
Voulez-vous faire une partie avec moi?

볼롱띠에르　매　쥬　쒸　쥬웨르　메디오크르
Ⓑ Volontiers, mais je suis joueur mediocre.

호텔에서

▶방에다 열쇠를 두고 왔는데요.
쮀 우블리에 라 끌레 당 마 샹브르
J'ai oublié la clef dans ma chambre.

▶방을 바꾸고 싶습니다.
쥬 부드래 샹줴 드 샹브르
Je voudrais changer de chambre.

▶식당은 몇 시에 엽니까?
르 레스토랑 우브르 아 꽤앨 뢰르
Le restaurant ouvre à quelle heure

171

Ⓐ 이건 얼마죠?

Ⓑ 3,000원입니다.

Ⓐ 외상판매는 하지 않습니까?

Ⓑ 우리는 현금거래를 합니다.

Ⓐ 그러면 그걸 살 수가 없겠네요.

WORDS & PHRASES 32

• à crédit : 외상으로, 월부로
• à comptant : 현금 거래로
• vendre : 팔다.

부 느 벙데 아 크레디
Vous ne vendez à crédit?

께ㄹ 레 르 프리 드 쓰씨
Ⓐ Quel est le prix de ceci?

쎄 트롸 밀 원
Ⓑ C'est trois mille won.

부 느 벙데 아 크레디
Ⓐ Vous ne vendez à crédit?

농 누 벙동 오 꽁땅
Ⓑ Non, nous vendons au comptant.

알로르 쥬 느 쁘 빠 르 프렁드르
Ⓐ Alors, je ne peux pas le prendre.

사업에 관하여

▶사업을 시작했어요.
줴 랑쎄 윈느 아페르 엉트르프리즈
J'ai lace une affire entreprise.

▶잘 안되는 일이라도 있으면 말하세요.
디뜨 므와 쓰 끼 느 바 빠
Dites-moi ce qui ne va pas.

▶모든 일이 잘 되어가요.
뚜 바 비엥
Tout va bien.

Ⓐ 이젠 많이 먹었습니다.

Ⓑ 맥주 한 잔 하시겠어요?

Ⓐ 좋지요.

Ⓑ 건배합시다.

Ⓐ 건배!

WORDS & PHRASES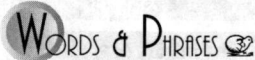

- santé : (n, f) 건강, 건전
  *á votre santé : 건강을 축하합니다(건배할 때의 말)
- avec plaisir : 기꺼이
- suffisant : 충분한

아 보트르 쌍떼
A votre santé.

Ⓐ 쎄 쒸피쌍
C'est suffisant!

Ⓑ 불레 부 프렁드르 엉 베르 드 비에르
Voulez-vous prendre un verre de bière?

Ⓐ 아벡끄 뿔레지르
Avec plaisir.

Ⓑ 아 보트르 쌍떼 므씨유
A votre santé, monsieur.

Ⓐ 아 보트르 쌍떼
A votre santé!

기본적인 인사

▶오늘 날씨가 매우 덥네요.
일 페 트레 쇼 오쥬르뒤
Il fait très chaud, aujourd'hui.

▶목이 말라 죽겠어요.
쥬 뭬르 드 쓰와프
Je meurs de soif.

▶까페에 가죠.
알롱 오 까페
Allons au café.

175

75. 감기 걸렸어요?

Ⓐ 얼굴이 창백해요. 웬일이죠?

Ⓑ 머리가 아픕니다.

Ⓐ 감기 걸렸어요?

Ⓑ 예.

Ⓐ 안됐군요.

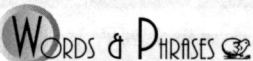

WORDS & PHRASES ♋

- enrhumé(e) : 감기에 걸린
- pale : 창백한, 파리한.
- tête : (n, f) 머리
- tant pis : 안됐군요. (≠ tant mieux)

에 스 끄 부 제뜨 정뤼메
Est-ce que vous êtes enrhumé?

부 제뜨 빨르 까베 부
Ⓐ Vous êtes pâle. Qu'avez-vous?

줴 말 라 라 떼뜨
Ⓑ J'ai mal à la tête.

에 스 끄 부 제뜨 정뤼메
Ⓐ Est-ce que vous êtes enrhumé?

위 므씨유
Ⓑ Oui, monsieur.

땅 삐
Ⓐ Tant pis.

기본적인 인사

▶댁에 전화가 있습니까?
아베 부 뗄레폰느 쉐 부
Avez-vous telephone chez vous?

▶전화 번호가 몇 번이죠?
께ㄹ 레 보트르 뉘메로 다뻴엘르
Quel est votre numéro d'appel?

▶ 973-6756 입니다.
쎄 뉘프 쎄뜨 트르와 쓰와쌍뜨 쎄뜨 쌍깡뜨 씨쓰
C'est neuf, sept, trois, soixante-sept, cinquante-six.

177

76. 부탁할 게 하나 있는데요.

STEP STEP ◀

Ⓐ 부탁할 게 하나 있는데요.

Ⓑ 제가 힘이 될 수 있으면 말씀하세요.

Ⓐ 책 좀 빌려 주세요.

Ⓑ 빌려 드리고 말고요.

Ⓐ 성가시게 해서 죄송합니다.

Ⓑ 천만에요.

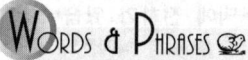

WORDS & PHRASES

- utile : 유용한, 소용이 닿는
- prêter : 빌려주다
- déranger : 방해하다, 성가시게 하다

쥐   엉   세르비쓰 아 부   드멍데
J'ai un service à vous demander.

ⓐ 쥐   엉   세르비스 아 부   드멍데
J'ai un service à vous demander.

ⓑ 엉   꾸와   삐   쥬 부   제트르 위띨르
En quoi puis-je vous être utile?

ⓐ 프레떼 므와 보트르 리브르 씰 부   쁠레
Prêtez-moi votre livre, s'il vous plaît.

ⓑ 매   블롱띠에르
Mais volontiers.

ⓐ 엑스뀌제 므와 드 부   데랑줴
Excusez-moi de vous déranger.

ⓑ 쥬 부   정 프리
Je vous en pris.

▶고기를 많이 잡으셨군요!
부 자베 프리 보꾸 드 쁘와쏭
Vous avez pris beaucoup de poissons!

▶여기는 생선이 많아서.
일 리 아 뚜쥬르 뒤 쁘와쏭 이씨
Il y a toujours du poisson, ici.

▶여기 와본 적이 있으세요?
부 지 에뜨 데좌 브뉘
Vous y êtes déjà venu?

179

77. 즐거운 여행이 되시기를!

Ⓐ 짐은 챙겼어요?

Ⓑ 예.

Ⓐ 서두르세요!

Ⓑ 편지할게요.

Ⓐ 즐거운 여행이 되시기를 바랍니다!

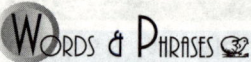

WORDS & PHRASES

- voyage : (n, m) 여행
  *bon voyage! : 즐거운 여행이 되기를!
- finir : 끝내다.
- bagage : (n, m) 짐, 수하물.
- écrire : 쓰다.

봉 봐야쥬
Bon voyage!

Ⓐ 아베 부 피니 떼 바갸쥬
Avez-vous fini tes bagages?

Ⓑ 위 므씨유
Oui, monsieur.

Ⓐ 데뻬쉐 부
Depêchez-vous!

Ⓑ 쥬 베 제크리르 원느 레트르 아 부
Je vais écrire une lettre à vous.

Ⓐ 봉 봐야쥬
Bon voyage!

초대를 받고

▶춤을 좋아하세요?
애매 부 라 당스
Aimez-vous la danse?

▶예, 좋아해요.
위 쥬 램므
Oui, je l'aime.

▶당신께 춤을 가르쳐 드릴게요.
쥬 부 자프렁드레 아 당쎄
Je vous apprendrai à danser.

78. 엔진오일을 검사할까요?

Ⓐ 안녕하세요.

───────────────────────────────

탱크를 채울까요?

───────────────────────────────

Ⓑ 예.

───────────────────────────────

그리고 밧데리도

───────────────────────────────

검사해 주세요.

───────────────────────────────

Ⓐ 엔진오일도 검사할까요?

───────────────────────────────

Ⓑ 아니요. 괜찮아요.

───────────────────────────────

WORDS & PHRASES 32

• vérifier : 검사하다, 조사하다
• niveau : (n, m) 수준, 정도

쥬 베리피으 르 니보 뒬르
Je vérifie le niveau d'huile?

봉쥬르 므씨유
Ⓐ Bonjour, monsieur.

쥬 페 르 블렝
Je fais le plein?

위 므씨유
Ⓑ Oui, monsieur.

에 베리피으 오씨 라 바뜨리
Et vérifiez aussi la batterie,

씰 부 쁠레
s'il vous plaît.

쥬 베리피으르 니보 뒬르 오씨
Ⓐ Je vérifie le niveau d'huile, aussi?

농 싸 바
Ⓑ Non ça va.

다시 만날 약속

▶내일 5시 전에 우리 집에 올 수 있어요?

뿌베 부 브니르 쉐 므와 아방 쌩 꿰르 드맹
Pruvez-vous venir chez moi avant cinq heures demain?

▶예, 내일 봅시다.

위 아 드맹
Oui, A demain!

Ⓐ 백포주를 마시겠습니까?

Ⓑ 예.

Ⓐ 음! 이 술은 맛이 좋지 않군.

웨이터, 이 술은 맛이 좋지 않아요.

자…… 마셔봐요!

Ⓒ 손님 말씀이 옳군요.

다른 병으로 가져왔습니다.

Ⓐ 감사합니다.

Ⓒ 손님께서는 술맛을 잘 아시는군요.

부　　자베　레죵
Vous avez raison.

부레　부　　프르네　뒤　벵　블랑
Ⓐ Voulez-vous prenez du vin blanc.

위　　메르씨
Ⓑ Oui, merci.

음　　일네　빠　봉
Ⓐ Hum! il n'est pas bon.

갸르쏭　쓰네　빠　봉
Garçon, cen'est pas bon.

뜨네　　　에 구떼
Tenez……, et goûtez!

부　　자베　레죵　므씨유
Ⓒ Vous avez raison, monsieur.

브왈라 윈느 오트르 부떼이으
Voilà une autre bouteille.

메르씨
Ⓐ Merci.

므씨유　　꼬네　　비엥 레 벵
Ⓒ Monsieur connaît bien les vins.

80. 막 도착하는 길입니다.

STEP STEP ◀

Ⓐ 미안합니다.

늦었어요.

Ⓑ 무슨 일이 있어요?

Ⓐ 자동차가 고장났어요.

오래 전에 여기 왔나요?

Ⓑ 아니요, 막 도착하는 길입니다.

Ⓐ 시장하지 않으세요?

Ⓑ 예, 배고파요.

WORDS & PHRASES ♫

- à pène : 겨우, 막.
- être en retard : (시간이) 늦다.
- être en panne : 고장나다.

좌리브　아 뻬ㄴ느
J'arrive à peine.

엑스뀌제 므와
Ⓐ Excusez-moi.

쥬 쒸 정 르따르
Je suis en retard.

께　　스 낄　리야
Ⓑ Qu'est-ce qu'il y a?

마 브와뛰르 에 떵 빤느
Ⓐ Ma voiture est en panne.

부 제뜨 라 드삐 룽떵
Vous êtes là depuis longtemps?

농 좌리브 아 뻬ㄴ느
Ⓑ Non, j'arrive à peine.

나베 부 빠 펭
Ⓐ N'avez vous pas faim?

씨 줴 펭
Ⓑ Si, j'ai faim.

WORDS & PHRASES ♫
• avoir faim : 배고프다

187

Ⓐ 제기랄!

Ⓑ 왜 그러세요?

Ⓐ 내 자동차에 이상이 생겼어요.

Ⓑ 그러면 지하철을 타요.

Ⓐ 안돼요, 시간이 없어요.

Ⓑ 몇 시에 약속이 있나요?

Ⓐ 한 시 반예요.

Ⓑ 아직 10분이 있어요.

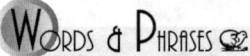

WORDS & PHRASES 🐱 _____

• encore : 아직
• ne ~plus : 더 이상 ~않다
• marcher : 가다, 걷다

부　　자베 정꼬르　디　미뉘뜨
Vous avez encore dix minutes.

Ⓐ
쥐뜨
Zut!

Ⓑ
께　　스 낄　리야
Qu'est-ce qu'il y a?

Ⓐ
마　브와뛰르　느　마르슈　쁠뤼
Ma voiture ne marche plus.

Ⓑ
알로르　옹　바　프렁드르　르 메트로
Alors, on va prendre le métro.

Ⓐ
농　　쥬내　빠 르 떵
Non. je n'ai pas le temps.

Ⓑ
아 께ㄹ　뢰르　부　　자베 렁데　　부
A quelle heure vous avez rendez-vous?

Ⓐ
아 윈느 웨르　에 도미
A une heure et demie.

Ⓑ
부　　자베 정꼬르　디　미뉘뜨
Vous avez encore dix minutes.

Ⓦords & Ⓟhrases ♫32
• rendez-vous : (n, m) 만남

189

Ⓐ 학생이세요?

Ⓑ 아니요. 화가예요. 당신은요?

Ⓐ 저는 타이피스트예요.

Ⓑ 언제부터 타이피스트였나요?

Ⓐ 두 달 전부터요.

그러나 다른 직업을 찾고 있어요.

Ⓑ 가능하면 바꾸지 마세요.

Ⓐ 각자 자기의 방식대로 사는 거예요.

WORDS & PHRASES ♫

- méthode : (n, f) 방식, 방법
- dessinateur : 화가
- dactylo : 타이피스트

샤껑 아 사 메또드
Chacun a sa méthode.

부 제뜨 제뛰디앙
Ⓐ Vous êtes étudiant?

농 쥬 쒸 데씨나뙈르 에 부
Ⓑ Non, je suis dessinateur et vous?

쥬 쒸 닥띨로
Ⓐ Je suis dactylo.

드뿌이 깡
Ⓑ Depuis quand?

드뿌이 뒈 므와
Ⓐ Depuis deux mois,

매 쥬 쉐르슈 어 노트르 엉쁠루와
mais je cherche un autre emploi.

느 샹제 빠 씨 뽀씨블르
Ⓑ Ne changez pas si possible.

샤껑 아 사 메또드
Ⓐ Chacun a sa méthode.

Words & Phrases ✿

- emploi : (n, m) 직업
- chacun : 각자
- changer : 바꾸다   • si possible : 가능하다면

Ⓐ 어디 사세요?

Ⓑ 장안동에 삽니다.

Ⓐ 가족이 몇 명입니까?

Ⓑ 4명입니다.

Ⓐ 당신 어머님의 연세는 몇이십니까?

Ⓑ 벌써 예순이 지나셨습니다.

그러나 아직도 정정하십니다.

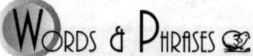
WORDS & PHRASES 32

- habiter : 살다, 거주하다
- chez : ~의 집에
- passer : 지나다
- vert(e) : 정정한, 푸른

꽁비앵 이 야 딸 쉐 부
Combien y a-t-il chez vous?

우 아비떼 부
Ⓐ Où habitez-vous?

좌비뜨 아 장안동
Ⓑ J'habite à Jangan-dong.

꽁비엥 이야 딸 쉐 부
Ⓐ Combien y a-t-il chez vous?

누 쏨므 까트르 쉐 누
Ⓑ Nous sommes quatre chez nous.

께르 라쥬 아 마담 보트르 메르
Ⓐ Quel âge a madame votre mére?

엘 라 데좌 빠쎄 라 쓰와쌍뗀느
Ⓑ Elle a déjà passée la soixantaine.

매 엘 레 떵고르 베르뜨
Mais, elle est encore verte!

도움을 청할 때

▶부탁할 게 하나 있어요.
웨 윈느 쎄르비스 아 부 드멍데
J'ai une service à vous demander.

▶저는 언제든지 당신을 힘껏 돕겠습니다.
쥬 쒸 뚜 따 보트르 쎄르비스
Je suis tout à votre service.

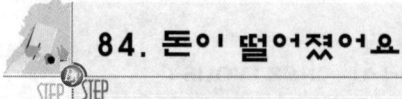

84. 돈이 떨어졌어요.

Ⓐ 오늘 저녁에 뭐하세요?

Ⓑ 특별히 할 일은 없어요.

Ⓐ 심심하면 나랑 영화관에 가요.

Ⓑ 난 돈이 떨어졌어요.

Ⓐ 걱정할 것 없어요.

　 난 오늘 돈이 많아요.

WORDS & PHRASES 😉

- ne ~plus : 더 이상 ~않다
- soir : (n, m) 저녁
- avec : ~와 함께
- inquiéter : 걱정하다, 염려하다

194

쥬 내 쁠뤼 다르정
Je n'ai plus d'argent.

꼐 스꽁 페 쓰 쓰와르
(A) **Qu'est-ce qu'on fait ce soir?**

쥬 내 빠 자 페르 빠르띠뀔리에르망
(B) **Je n'ai pas à faire particulièrement.**

씨 부 부 정뉘에
(A) **Si vous vous ennuiz,**

브네 오 씨네마 아벡끄 므와
venez au cinéma avec moi.

쥬 내 쁠뤼 다르정
(B) **Je n'ai plus d'argent.**

인 니 아 빠 드 꾸와 부 젱끼에떼
(A) **Il n'y a pas de quoi vous inquiétez.**

줴 보꾸 다르정 오쥬르뒤
J'ai beaucoup d'argent, aujourd'hui.

도움을 청할 때

▶그 불란서인에게 저를 소개해 주시겠습니까?

불레 부 자봐르 라 봉떼 드 맹트로뒤르 아 르 프랑쎄
Voulez vous avoir la bonte de m'introduire à le français?

▶물론 그렇게 하죠.

비엥 쒸르
Bien sûr

85. 여주인공의 연기가 훌륭합니다.

STEP STEP ◀

Ⓐ 어제 영화관에 갔었어요.

Ⓑ 어디에 있는 영화관인데요?

Ⓐ 종로에 있는 피카디리 극장이에요.

Ⓑ 무슨 영화를 했는데요?

Ⓐ '남과여'인데요.

여주인공의 연기가 훌륭합니다.

Ⓑ 그 영화의 줄거리를 말씀해 주시겠어요?

WORDS & PHRASES

- actrice : (n, f) 여배우
  * 남자배우→acteur
- jouer : 연기를 하다

락트리스 쥬 아드미라블르망
L'actrice joue admirablement.

이에르 쥬 쉬 잘레 오 씨네마
Ⓐ Hier, je suis allé au cinéma.

우 싸
Ⓑ Où ça?

아 종로 피카디리
Ⓐ A Jongno, Picadiri.

께 스 꽁 도네
Ⓑ Qu'est-ce qu'on donnait?

어 놈므 에 원느 팜므
Ⓐ 'Un homme et une femme'

락트리스 쥬 아드미라블르망
L'actrice joue admirablement.

불레 부 므 디르 라날리즈 드 라 삐에스
Ⓑ Voulez-vous me dire l'analyse de la pièce?

도움을 청할 때

▶그는 당신에게 불어 회화를 가르쳐 줄 거예요.
일 부 지프렁드라 꽁베르싸싸옹 프랑쎄
Il vous apprendra conversation français.

▶당신은 정말 친절하시군요.
부 제 뜨 비에 네마블르
Vous êtes bien aimable.

197

Ⓐ 오늘 저녁에 시간 있으세요?

Ⓑ 예, 아가씨.

Ⓐ 음악회 티켓 두 장을 샀어요.

Ⓑ 프로그램을 가지고 계십니까?

Ⓐ 집에 두고 왔어요.

들어 볼만한 것 같아요.

WORDS & PHRASES 32

- concert : (n, m) 연주회, 음악회
- laisser : 두다, 내버려두다.
- vant→valloir : 동사. ~가치가 있다

아베 부 르 프로그람므 쒸르 부
Avez-vous le programme sur vous?

에뜨 부 리브르쓰 쓰와르
Ⓐ Etês-vous libre ce soir?

위 마드므와젤르
Ⓑ Oui, mademoiselle.

줴 프리 뒈 비에 뒤 꽁쎄르
Ⓐ J'ai pris deux billets du concert.

아베 부 르 프로그람므 쒸르 부
Ⓑ Avez-vous le programme sur vous?

쥬 래 래쎄 아 라 매죵
Ⓐ Je l'ai laissé à la maison.

쓰라 보 라 빤느 데트르 엉떵뒤
Cela vant la peine d'être entendu,

쥬 크르와
je crois.

기본적인 인사

▶어제는 무얼 하셨어요?

께 스 끄 부 자베 페 이에르
Qu'est-ce que vous avez fait, hier?

▶목욕탕의 세면대를 수리했어요.

줴 레빠레 르 라바보 드 라 쌀르 드 벵
J'ai réparé le lavabo de la salle de bains.

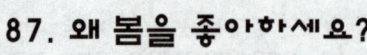

87. 왜 봄을 좋아하세요?

STEP STEP ◀

Ⓐ 4계절 중 어느 계절을

가장 좋아하십니까?

Ⓑ 봄을 가장 좋아합니다.

Ⓐ 왜 봄을 좋아하세요?

Ⓑ 꽃들이 피고 새들이 노래하기

때문입니다.

Ⓐ 나는 여름을 좋아해요.

WORDS & PHRASES ♎

- printemps : (n, m) 봄
- pourquoi : (의문사) 왜?
- s'ouvrer : (꽃이) 피다, 열리다

200

뿌르꾸와　에메　부　르 프렝땅
Pourquoi aimez-vous le printemps?

라께르　데　까트르 쎄죵　에메　부
Ⓐ Laquelle des quatre saisons aimez-vous

르 쁠뤼
le plus?

쟘므　르 쁠뤼 르 프렝땅
Ⓑ J'aime le plus le printemps.

뿌르꾸와　에메　부　르 프렝땅
Ⓐ Pourquoi aimez-vous le printemps?

빠스　끄　레　플뢰르 쑤브르　에 레
Ⓑ Parce que les fleurs s'ouvrent et les

즈와죠　샹뜨
oiseaux chantent.

쟘므　레떼
Ⓐ J'aime l'été.

Words & Phrases

- été : (n, m) 여름
- saison : (n, f) 계절

Ⓐ 가을이 되었어요.

Ⓑ 날씨가 서늘해졌어요.

Ⓐ 그리고 가을은 단풍의 계절이예요.

Ⓑ 설악산은 아름다운 단풍으로

잘 알려져 있어요.

WORDS & PHRASES ♋

- température : (n, f) 기온
- devenir : ~되다
- frais (aîch) : 서늘한
- automne : (n, m) 가을
- érable : (n, f) 단풍

라 떵뻬라뛰르 에 드브뉘 프레슈
La température est devenue fraîche.

로똔느 에 브뉘
Ⓐ L'automne est venu.

라 떵뻬라뛰르 에 드브뉘 프레슈
Ⓑ La température est devenue fraîche.

에 로똔느 에 라 쎄죵 데 제라블르
Ⓐ Et l'automne est la saison des érables.

르 몽 설악 에 비엥 꼬뉘 뿌르
Ⓑ Le Mont. Sorak est bien connu pour

라 보떼 데 제라블르
la beauté des érables.

떠날 때에

▶이제 떠나는구나!

알로르 쎄 르 데빠르
Alors, s'est le départ!

▶응. 모든 것이 다 정리 되었어.

위 뚜 떼 떵 오르드르
Oui, tout est en ordre.

▶자 그럼, 안녕 창호.

에 비엥 오 르브와르 창 호
Eh bien! Au revoir Chang-ho!

203

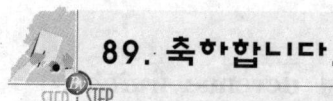
Ⓐ 우린 어제 시험을 끝냈어요.

Ⓑ 벌써? 시험엔 합격했어요?

Ⓐ 예. 합격했어요.

Ⓑ 축하해요.

이젠 여름 방학이 시작되었군요.

Ⓐ 나는 미국에 살고 계신

삼촌댁에 가요.

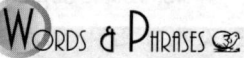

- terminér : 끝내다
- réussir : 성공하다
- félicitation : (n, f) 축하
  *mes félicitations! : 축하합니다!
- vacance : (n, f) 휴가

메　펠리씨따씨옹
Mes félicitations.

ⓐ
누　자봉　떼르미네 레 제그자멍 이에르
Nous avons terminé les examens hier.

ⓑ
데좌　아베 부　레위씨 아 보　제그자멍
Déjà? Avez-vous réussi à vos examens?

ⓐ
위　쥬 쒸　레위씨
Oui, je suis réussi.

ⓑ
메　펠리씨따씨옹
Mes félicitations!

에 레 바깡쓰　데떼 옹 꼬멍쎄
Et les vacance d'été ont commencés.

쥬 베 쉐　모　농끌르 끼 아비뜨 오
ⓐ
Je vais chez mon oncle qui habite aux

제따 쥐니
etats unis.

가판대에서

▶신문 한 장 주시겠어요?
엉 쥬르날 씰 부 쁠레
Un journal, s'il vous plaît?

▶어떤 신문이요?
께ㄹ 쥬르날 므시유
Quel journal, monsieur?

90. 편지를 어디에 두었어요?

Ⓐ 비서, 편지를 어디에 두었어요.

Ⓑ 사장님 책상 위에 올려 두었는데요.

Ⓐ 없어요. 구석구석 좀 찾아보세요.

Ⓑ 제가 그걸 책상 위에 둔 건 확실해요.

Ⓐ 서랍 안을 찾아봐요.

Ⓑ 거기도 없어요.

WORDS & PHRASES ♫

- lettre : (n, f) 편지
- mettre : 두다, 놓다
- bureau : (n, m) 책상
- partout : 도처에
- assurer : 확신하다
- tiroir : (n, m) 서랍

우 아베 부 미 라 레트르
Où avez-vous mis la lettre?

마드므와젤르 우 아베 부 미 라 레트르
Ⓐ Mademoiselle, où avez-vous mis la letter?

쥬 래 미 쒸르 보트르 뷰로 므씨유
Ⓑ Je l'ai mis sur votre bureau, monsieur.

농 르갸르데 엉 쁘 빠르뚜
Ⓐ Non, regardez un peu partout.

쥬 부 자쒸르 끄 쥬 래 미 쒸르 보트르
Ⓑ Je vous assure que je l'ai mis sur votre

뷰로
bureau.

쉐르쉐 당 르 띠르와르
Ⓐ Cherchez dans le tiroir.

농 쁠뤼
Ⓑ Non plus.

음악에 대해

▶이 음악은 뭐죠?

께 ㄹ 레 쎄뜨 뮈지끄
Quell eest cette musique?

▶왈츠를 좋아하십니까?

에메 부 라 발쓰
Aimez-vous la valse?

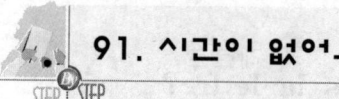

Ⓐ 여자분이 한 분 찾아 오셨어요.

Ⓑ 여자가?

　시간이 없으니

　내일 오라고 해요.

Ⓐ 몇 시에요?

Ⓑ 세 시경에.

　이름이 뭐라던가요?

Ⓐ 모르겠는데요.

쥬 내 빠 르 떵
Je n'ai pas le temps.

일 리 야 원느 담므 끼 브 부 빠흘레
Ⓐ Il y a une dame qui veut vous parler.

원느 담므
Ⓑ Une dame?

쥬 내 빠 르 떵
Je n'ai pas le temps,

쎄뜨 담므 쁘 브니르 드맹
cette dame peut venir demain.

아 께ㄹ 뤠르
Ⓐ A quelle heure?

베르 트롸 줴르
Ⓑ Vers trois heures.

부 므 도네 쏭 농
Vous me dennez son nom,

씰 부 쁠레
s'il vous plaît.

쥬 느 꼬내 빠 쏭 농
Ⓐ Je ne connais pas son nom.

209

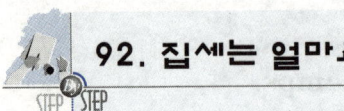
92. 집세는 얼마죠?

Ⓐ 바다로 향해 있는 집 한 채를 원합니다.

Ⓑ 이 집은 어때요?

Ⓐ 괜찮군요. 이 집은 편안한가요?

Ⓑ 현대 시설을 다 갖춘 집이에요.

Ⓐ 그런데, 집세는 얼마인가요?

Ⓑ 한 달에 십만원입니다.

Ⓐ 좋아요.

결정하는 대로 알려드릴께요.

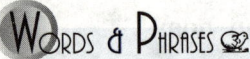

- loyer : (n, m) 집세
- maison : (n, f) 집
- donner sur : ~로 향하다, ~로 나있다

께르 레 르 롸이에
Quel est le loyer?

Ⓐ 쥬 브 윈느 매종 끼 돈느 쉬르라 메르
Je veux une maison qui donne sur la mer.

Ⓑ 끄 데지레 부 드 쎌르 씨
Que diriez-vous de celle-ci?

Ⓐ 빠 말르 엘 레 꽁포르따블르
Pas mal, Elle est confortable?

Ⓑ 엘 레 뚜 르 꽁포르 모데른느
Elle est tout le confort moderne.

Ⓐ 에 께르 레 르 르 롸이에
Et, quel est le loyer.

Ⓑ 쌍 밀 원 빠르 므와
Cent mille won, par mois.

Ⓐ 트레 비엥
Très bien.

쥬 부 자농스 몽 데씨지용
Je vous annonce mon décision.

ⓦORDS & ℙHRASES ③

- confortable : 안락한
- moderne : 현대의

211

93. 모든 일이 잘 되어가요.

STEP STEP ◀

ⓐ 사업을 시작했어요.

ⓑ 잘 안되는 일이라도 있으면 말하세요.

ⓐ 모든 일이 잘 되어가요.

ⓑ 당신의 성공을 빕니다.

ⓐ 감사합니다.

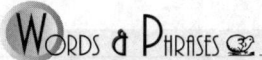

WORDS & PHRASES ✿

- va→aller : 동사. (일이)되어가다.
- entreprise : (n, f) 사업
- dire : 말하다

뚜 바 비엥
Tout va bien.

쥐 랑쎄 윈느 아페르 엉트르프리즈
Ⓐ J'ai lacé une affire entreprise.

디뜨 므와 쓰 끼 느 바 빠
Ⓑ Dites-moi ce qui ne va pas.

뚜 바 비엥
Ⓐ Tout va bien.

쥬 부 쑤에뜨 드 레위씨르
Ⓑ Je vous sohaite de réussir.

메르씨 므씨유
Ⓐ Merci, monsieur.

WORDS & PHRASES 32

- souhaiter : 기원하다
- réussir : 성공하다

STEP STEP ◀

Ⓐ 댁에 전호가 있습니까?

Ⓑ 예, 선생님.

Ⓐ 전화 번호가 몇 번이죠?

Ⓑ 973-6756 입니다.

그러나 전호가 고장났어요.

Ⓐ 수리 중입니까?

Ⓑ 예.

WORDS & PHRASES

• le numéro d'appel : 전화번호
• hors de service : 고장난
• réparation : (n, f) 수리

께르 레 보트르 뉘메로 다빨르
Quel est votre numéro d'appel?

아베 부 뗄레폰느 쉐 부
Ⓐ Avez-vous téléphone chez vous?

위 므씨유
Ⓑ Oui, monsieur.

께르 레 보트르 뉘메로 다쁘르
Ⓐ Quel est votre noméro d'appel?

쎄 눼프 쎄뜨 트르와
Ⓑ C'est neuf, sept, trois,

쓰와쌍뜨 쎄뜨 쌩깡뜨 씨쓰
soixante-sept, cinquante-six.

매 몽 뗄레폰느 에 오르 드 쎄르비스
Mais, mon téléphone est hors de serice.

에 띨 렁 레빠라씨용
Ⓐ Est il en réparation?

위 므씨유
Ⓑ Oui, monsieur.

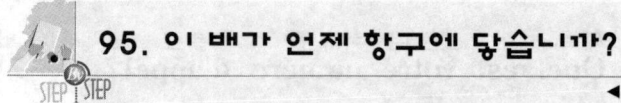
Ⓐ 이 배가 언제 항구에 닿습니까?

Ⓑ 내일 아침 5시 경예요.

Ⓐ 배가 조금 흔들리는군요.

배 멀미가 나는 것 같아요.

Ⓑ 침대에 눕는 것이 좋겠군요.

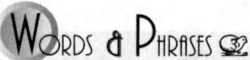

WORDS & PHRASES 32

• port(n, m) 항구
• vers(전치사) ~으로 향하여, ~쪽으로
            (시간)~경에, 무렵에
• mal de mer : 배멀미.
• paraît→paraître 동사.

깡 쓰 바또 엉트르라띨 오 보르
Quand ce bateau entrerat-il au port?

깡 쓰 바또 엉트르라띨 오 보르
Ⓐ Quand ce bateau entrerat-il au port?

드멩 마땡 베르 레 쌩 꿰르
Ⓑ Demain matin, vers les cinq heures.

르 바또 룰르 엉 쀠
Ⓐ Le bateau roule un peu.

일 빠레 끄 줴 말르 드 메르
Il paraît que j'ai mal de mer.

부 프리에 미외 드 부 제땅드르
Ⓑ Vous feriez mieux de vous étendre

쒸르 르 리
sur le lit.

WORDS & PHRASES 32

*paraître + que -que 이하인 것 같다
*paraître + ~인 것 같다

217

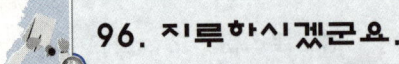
Ⓐ 승객 중에 아는 분이 있으세요?

Ⓑ 아니요. 아무도 없어요.

Ⓐ 지루하시겠군요.

Ⓑ 그러나 당신을 알게 되어 매우 기뻐요.

Ⓐ 저도 그래요.

WORDS & PHRASES 32

- ennuyer : 귀찮게 굴다, 지루하다
- connaissance : (n, f) 이해, 지식, 아는 사람
- en : 중성대명사. "de + 명사"

쥬 크롸 끄 부 장뉘으레
Je crois que vous ennuierez.

Ⓐ 아베 부 께르끄 꼬네쌍쓰
Avez-vous quelques connaissances

바르미 레 빠싸줴르
parmi les passagers?

Ⓑ 농 쥬 너 네 오뀐느
Non, je n'en ai aucune.

Ⓐ 쥬 크롸 끄 부 장뉘으레
Je crois que vous ennuierez.

Ⓑ 매 쥬 쒸 트레 정샹떼 드 페르
Mais je suis tres enchante de faire

보트르 꼬네쌍쓰
votre connaissance.

Ⓐ 므와 오씨
Moi aussi.

Words & Phrases ☺

- enchanté→enchanter 동사.
  *être enchanté de + inf ～해서 기쁘다.

219

Ⓐ 카메라들에 대해서는 세금을 내야 합니다.

Ⓑ 얼마를 내야 하죠?

Ⓐ 모두 해서 2만 9천원입니다.

Ⓑ 지나치군요.

Ⓐ 내지 않으시려면 그것들을 맡겨 두셔야 합니다.

Ⓑ 그러면 그것들을 맡겨 두겠습니다.

Ⓐ 여기 영수증이 있어요.

WORDS & PHRASES

- devez→devoir : 동사
  *devoir + inf : ～해야만 한다
- excessif(ve) : 과도의, 지나친, 극단의

브와씨 보트르 레씨삐쎄
Voici votre recepisse.

부   드베 뻬이예 레 드르와 뿌르 레 꼬다끄
Ⓐ Vous devez payer les droits pour les kodaks.

꽁비엥   드와 쥬 뻬이예
Ⓑ Combien dois-je payer?

벵   뇌프 밀르 원   오 또딸르
Ⓐ Vingt neuf mille wons au total.

쎄   떽쎄씨프
Ⓑ C'est excessif.

씨 부 느 불레   빠 버이예
Ⓐ Si vous ne voulez pas payer,

부   드베 레 메트르 엉 꽁씨이뉴
vous devez les mettre en consigne.

알로르 쥬 레 꽁씨이뉴레
Ⓑ Alors, je les consignerai.

브와씨 보트르 레씨삐쎄
Ⓐ Voici votre recepisse.

WORDS & PHRASES 32

- si : 만약에 ~한다면
- consigner : (상품을)위탁하다, (세관이 물품을) 압류하다

Ⓐ 부탁할 게 하나 있어요.

Ⓑ 저는 언제든지 당신을 힘껏 돕겠습니다.

Ⓐ 그 불란서인에게 저를

소개해 주시겠습니까?

Ⓑ 물론 그렇게 하죠.

그는 당신에게 불어 회화를 가르쳐 줄거예요.

Ⓐ 당신은 정말 친절하시군요.

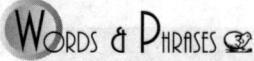
WORDS & PHRASES

- introduire : 소개하다
- conversation : (n, f) 회화, 담화
- aimable : 호의 있는, 친절한

쥬 쒸 뚜 따 보트르 쎄르비스
Je suis tout à votre service.

(A)
웨 윈느 쎄르비스 아 부 드멍데
J'ai une service à vous demander.

(B)
쥬 쒸 뚜 따 보트르 쎄르비스
Je suis tout à votre service.

(A)
불레 부 자봐르 라 봉떼 드
Voulez vous avoir la bonté de

맹트로뒤르 아 르 프랑쎄
m'introduire à le français?

(B)
비엥 쒸르
Bien sûr,

일 부 자프렁드라 꽁베르싸싸옹 프랑쎄
il vous apprendra conversation français.

(A)
부 제뜨 비에 네마블르
Vous êtes bien aimable.

판 권
본 사
소 유

O.K 프랑스어 회화

2002년 5월 20일 초판 인쇄
2002년 5월 30일 초판 발행

지은이 / 국제언어교육연구회
펴낸이 / 최 상 일

펴낸곳 / 태 을 출 판 사
서울특별시 강남구 도곡동 959-19
등록 / 1973년 1월 10일(제4-10호)

©2001, TAE-EUL publishing Co., printed in Korea
잘못된 책은 구입하신 곳에서 교환해 드립니다.

■ 주문 및 연락처

우편번호 100-456
서울특별시 중구 신당6동 52-107 (동아빌딩 내)
전화 / 2237-5577 팩스 / 2233-6166

ISBN 89-493-0213-6   13760